Yvon Dallaire
Psychologue-Sexologue

S'aimer

longtemps

L'homme et la femme peuvent-ils vivre ensemble?

Les Éditions
OPTION Santé

Données de catalogue avant publication (Canada)

Dallaire, Yvon, 1947-
   S'aimer longtemps, L'homme et la femme peuvent-ils vivre ensemble?
   3e édition
   Comprend des références bibliographiques
   ISBN 2-9804174-8-3
   1. Sexualité. 2. Couples. 3. Relations entre hommes et femmes. I. Titre.
   HQ21.D265   1998   306,7   C98-900465-1

Les Éditions Option Santé Enr.
675, Marguerite Bourgeoys, Québec (Québec) Canada G1S 3V8
Téléphone: 1 (418) 687-0245; Sans frais: 1 (800) 473-5215
Télécopieur: 1 (418) 687-1166; Courriel: opsante@mlink.net
Site Internet: www.mlink.net/~opsante

Infographie: Christian Chalifour
Photogravure et impression: AGMV Marquis
Photographie de l'auteur: Jocelyn Huard, Studio Etchemin

Dépôt légal, 1er trimestre 1996, 1er trimestre 1998
Bibliothèque nationale du Québec
Bibliothèque nationale du Canada
ISBN 2-9804174-8-3

Distribution par Les Messageries Agence de Distribution Populaire (ADP)
1261-A, rue Shearer, Montréal (Québec) Canada H3K 3G4
Téléphone: (514) 523-1182 ou (800) 361-4806

D.G. Diffusion
6, rue Jeanbernat, 31000 Toulouse, France
Téléphone: 35.61.62.70.62

Je dédie ce livre aux trois femmes de ma vie :

Pâquerette
mon premier amour et la mère de mon fils

Pauline
l'intense et l'indomptable

Renée
avec qui je suis heureux depuis seize ans déjà

Table des matières

Deuxième partie : La vie amoureuse

Troisième partie : La vie sexuelle

Remerciements

Mes remerciements à l'équipe de TéléMag 24 qui, en 1996, m'a permis de concevoir l'émission Option Santé et la chronique La question sexuelle de la semaine, laquelle chronique a donné naissance à ce livre : Josette Angers, Bruno Pelletier, André Cantin, Alexandra Sirois.

Merci à Isabelle Gagnon, coordonnatrice d'Option Santé qui me seconde dans toutes mes entreprises, et à Pierre Poitras qui, grâce à ses nombreux contacts médiatiques, facilite la promotion de mes livres. Merci aussi à Jean-Pierre Élias, Jacques Leclerc et toute l'équipe de représentants d'ADP qui travaillent à la diffusion de mes livres. Merci également à tou(te)s les recherchistes, journalistes, animateur(trice)s de radio et télévision qui, par leurs chroniques, leurs articles ou leurs émissions ont fait connaître mes livres auprès du grand public.

Merci à Sylvette Deguin pour les multiples corrections et les appréciables suggestions. Merci à Christian Chalifour pour tout le temps consacré au montage final de ce livre.

Mes derniers remerciements vont à tous les couples qui, en se confiant à moi, m'ont permis d'élaborer le contenu de ce livre.

Couple et divorce

Les dernières statistiques sont alarmantes : les études prévoient que 67 % des couples mariés après 1990 divorceront. C'est beaucoup plus que les 50 % des années 60-90 et sans commune mesure avec le 10 % du début du siècle. De plus, ces divorces surviennent de plus en plus tôt après la cérémonie du mariage : si, en 1975, la septième année constituait l'année charnière des couples, c'est, aujourd'hui, les 4e et 5e années qui deviennent le difficile cap à franchir. Ensuite, le taux de divorce diminue, sauf après le départ des enfants où nous observons une recrudescence des séparations pour les parents qui voulaient éviter à leurs enfants les affres de leur divorce.

Toutefois, en analysant plus en profondeur ces statistiques, on observe un phénomène intéressant : de moins en moins de couples acceptent de vivre le pire une fois que le meilleur est passé. Ce sont donc les couples qui, auparavant, se seraient résignés et livré une guerre froide pendant 30, 40 ou 50 ans qui viennent augmenter les statistiques sur le divorce.

Cette augmentation significative du taux de divorce a coïncidé avec l'avènement de la pilule, laquelle a permis une plus grande liberté sexuelle tant aux hommes qu'aux femmes. Cette augmentation est aussi directement reliée à l'émancipation féminine et à l'autonomie financière de plus en plus grande des femmes. Quoique nous ne possédions pas de statistiques sur le sexe de celui ou celle qui demande le divorce, il semblerait que ce soit les femmes qui, refusant de vivre une relation insatisfaisante comme l'auraient probablement fait leurs grand-mères, prennent l'initiative de mettre fin à cette relation. Le taux de divorce reste très faible dans les pays où les hommes ont encore la main-mise sur le couple, où la femme demeure dépendante financièrement de son mari et où seuls les hommes ont le droit de répudier leur femme.

Pourtant, si les couples divorcent, ce n'est pas faute d'amour des partenaires. J'ai maintes et maintes fois reçu des couples en thérapie conjugale qui essayaient jusqu'à la dernière minute de sauver leur union. Ces hommes et ces femmes que j'ai accompagnés dans ces moments difficiles étaient viscéralement partagés entre l'amour et la haine de leur partenaire : ils aimaient encore l'autre, mais ne pouvaient plus vivre avec cet autre devenu si différent avec les années. Ils auraient voulu continuer d'aimer l'autre, mais l'accumulation des frustrations avait creusé un fossé d'incompréhension insurmontable et dépassé leur capacité à rallumer la flamme ayant déjà existé entre eux. Non, ce n'est pas faute d'amour, car l'absence d'amour se traduit par de l'indifférence et non par les luttes acharnées que se livrent souvent, lors du divorce, les ex-amants au sujet des enfants et du partage du patrimoine; ces luttes signifient qu'un lien d'amour, quoique frustré, subsiste encore.

14

La bonne volonté ne peut pas non plus être mise en doute. Même si l'un et l'autre s'accusent mutuellement de mauvaise foi et de «faire exprès» pour ne pas satisfaire les besoins de l'autre, pour amorcer des disputes ou pour ne pas comprendre, je sens souvent que l'un et l'autre sont foncièrement convaincus de faire ce qu'ils croient devoir faire pour que le couple fonctionne. Les hommes ont toujours cru, et croient encore, que leur implication dans le couple se limite au sexe et à l'amélioration du domaine matériel ; les femmes, quant à elles, croient que la communication et l'affection peuvent tout arranger. Les deux s'impliquent à fond dans le couple en fonction des priorités propres à leur identité sexuelle.

Pour devenir psychologue et sexologue, j'ai dû suivre cinq années d'études universitaires et des centaines d'heures de formation et de supervision post-universitaires. Pour devenir professeur et conférencier, j'ai suivi une formation et des stages en pédagogie pendant une autre année. Pour apprendre à vivre à deux, je n'ai eu que mes parents comme exemple qui, eux, avaient pris exemple sur mes grands-parents. Pour apprendre à faire l'amour, j'ai été laissé à moi-même, à mon inexpérience et à celle de ma première partenaire. Pour être père, là aussi, j'ai été laissé à moi-même, quoique mes études en psychologie ont certainement dû m'aider.

Aviez-vous remarqué que nous sommes seuls pour apprendre les choses les plus importantes de la vie : l'amour, la relation homme-femme, la communication, être père ou mère, la relation sexuelle... Comment se surprendre alors du taux élevé de divorces et de la violence conjugale et familiale ; comment se surprendre du nombre de décrocheurs scolaires, d'alcooliques, de délinquants sexuels, de drogués, de suicides...

Grâce à l'avènement de la technologie moderne, grâce au mouvement d'émancipation féminine, grâce à un meilleur contrôle des conséquences de la sexualité, grâce à l'autonomie financière des femmes, grâce à la diminution des heures de travail[1], grâce à bien d'autres choses…, les hommes et les femmes passent maintenant beaucoup plus de temps ensemble. Et ce temps passé ensemble démontre de plus en plus que l'homme et la femme ne sont pas faits pour vivre ensemble… longtemps.

Les études sur la psychologie différentielle des sexes démontrent que la femme met davantage l'accent sur la relation interpersonnelle et la dimension émotive de sa vie alors que l'homme donne la priorité à l'action et à la dimension physique de son être. Cela se manifeste, entre autres, dans le fait que la femme veut faire la paix avant de faire l'amour alors que l'homme propose de faire l'amour pour faire la paix. L'action physique permet à l'homme de se libérer de ses tensions et émotions ; la femme le fait par l'expression verbale. Le jour et la nuit, quoi !

Les études neurologiques révèlent aussi que le fonctionnement du cerveau est fortement influencé par le sexe. Alors que celui de la femme fonctionne comme un radar, ce qui lui permet d'avoir une vue d'ensemble, celui de l'homme fonctionne plus comme un microscope ou un téléscope, ce qui lui permet une concentration plus facile et plus approfondie sur un sujet particulier. Les femmes interprètent cette capacité comme un désir de l'homme d'avoir le dernier mot ; l'homme interprète la capacité féminine de voir plusieurs aspects d'une situation comme l'incapacité de se faire une idée.

Ces différences neurologiques et psychologiques, ajoutées aux différences hormonales et aux valeurs culturelles, nous permettent de plus en plus de comprendre et d'expliquer les différences minimes, soit, mais tellement significatives, qui sont à la base du dilemme de la vie à deux : nous sommes trop différents pour nous comprendre, mais... nous ne pouvons nous passer l'un de l'autre. L'autre nous est nécessaire pour la satifaction de plusieurs de nos besoins.

La femme parle en chinois, l'homme parle en japonais ; les deux croient parler le même langage et les deux cherchent à prouver à l'autre qu'il est préférable de parler et d'agir comme une Chinoise ou comme un Japonais. Vu de l'extérieur, nous avons aussi l'impression que les deux parlent le même langage parce qu'ils utilisent les même mots. Mais rien n'est plus faux. Savoir parler et communiquer en chinois **et** en japonais, comprendre les subtilités des deux langues et les accepter ne peut qu'enrichir le couple et lui permettre de travailler en complémentarité et en collaboration plutôt qu'en compétition. Les psychologues ont raison de dire que la communication est nécessaire pour se comprendre dans un couple ; encore faut-il parler le même langage et donner la même signification aux mêmes mots.

Lors de mes conférences sur le couple, je demande souvent aux personnes présentes de me dire le premier mot qui leur vient à l'esprit en pensant au mot Amour. Les deux mots les plus souvent cités par les femmes sont affection et intensité ; les deux mots les plus souvent cités par les hommes sont sexe et paix. Le verbe aimer ne se conjugue pas de la même façon dépendant du sexe de la personne qui aime : l'homme aime avec son corps et considère la relation sexuelle comme le « repos du guerrier » ; la femme aime avec son coeur et recherche la fusion intense de deux coeurs, avant celle des corps.

À mon avis, les principales causes du divorce résident dans le manque de connaissances des différences existant entre les hommes et les femmes, dans l'ignorance des dynamiques inhérentes à la vie de couple et dans la non-compréhension ou le refus de la manière de l'autre de s'investir dans le couple. Vous le savez par expérience, les disputes prennent leurs origines dans les petits détails, dans l'interprétation que l'un fait des paroles ou des comportements de l'autre. À partir de situations parfois insignifiantes, ce sont deux mondes étrangers l'un à l'autre qui entrent en collision.

Le but de mes propos est d'amener le couple à voir et à comprendre ces différences, à les percevoir uniquement comme telles et à cesser de les interpréter comme une baisse ou une absence d'amour ou, pire encore, de la mauvaise volonté ou une intention délibérée de faire mal à l'autre et de vouloir le contrôler.

Les vingt chapitres suivants veulent jeter un peu de lumière sur les modes féminin et masculin de voir et de vivre la vie à deux. Comprendre les dynamiques inconscientes qui se développent dans tous les couples vous permettra, je l'espère, de dédramatiser certaines situations conjugales inévitables. Je me répète, mais mon expérience personnelle et celle des centaines de couples que j'ai eu l'occasion de rencontrer me confirment que la principale cause de divorce et de mésentente conjugale réside dans l'ignorance, le refus ou le rejet des différences homme-femme.

Apprendre à jouer, s'amuser et utiliser nos différences pour augmenter notre plaisir d'être plus longtemps avec l'autre, tel est l'essentiel de mon message. Biologiquement, le couple existe pour assurer la survie de notre espèce et l'éducation de nos petits, mais psychologiquement le couple existe pour la satifaction des besoins affectifs et sexuels de chacun, aussi différents puissent-ils être.

Dans cette seconde édition de *S'aimer longtemps*, j'ai réorganisé la présentation des thèmes en trois parties afin d'améliorer l'enchaînement des chapitres. J'ai remplacé deux chapitres (Quelques mythes sexuels et Sexualité et massage) par trois nouveaux : Amour, Sexe et Nature, Les étapes de la vie amoureuse et L'infidélité. J'ai ajouté du texte à chacun des autres chapitres afin de mieux traduire ma pensée, tenir compte des récentes découvertes de la psychologie (conjugale et sexuelle) et répondre aux nombreux commentaires de plusieurs lecteurs et lectrices. J'ai apporté beaucoup de changements, j'ai coupé ou ajouté, mais j'ai conservé l'essentiel, à savoir qu'il est possible de vivre heureux ensemble si, en plus de l'amour et de la bonne volonté, on ajoute des connaissances à nos efforts de communication. J'ai aussi conservé les savoureuses réflexions à la fin de chaque chapitre.

Vous pouvez lire ce livre de multiples façons : de la première à la dernière page, en commençant par n'importe laquelle des trois parties ou par le chapitre qui vous intéresse le plus. Quoique reliés entre eux, chaque chapitre est complet en lui-même. Vous pouvez aussi utiliser ce livre comme livre de références et le lire à deux pour en discuter par la suite.

---

1. Au début du siècle, la semaine de travail s'étendait sur six (6) et parfois même sept (7) jours et totalisait facilement plus de soixante-dix (70) heures ; aujourd'hui, la moyenne hebdomadaire dépasse rarement trente-sept heures et demie (37 1/2) et se limite de plus en plus à quatre jours par semaine. Ce qui nous laisse beaucoup de temps libre à partager.

Première partie

Amour et Sexualité

1

Ce qu'est l'amour

L'Amour en tant qu'émotion

On dit que l'amour est une émotion. Or, une émotion est un mouvement, une agitation, une réaction affective, en général, intense. L'amour serait donc un mouvement vers quelqu'un. Mais, comme toute émotion, l'amour est aussi de l'énergie en mouvement (E = motion dans le sens de $E = mc^2$). Il est donc normal que l'amour que l'on éprouve pour quelqu'un puisse avoir des hauts et des bas et que l'on puisse parfois être attiré, physiquement et émotivement, ailleurs.

Passion et amour ne sont pas synonymes. La passion est constituée d'«états affectifs et intellectuels assez puissants pour dominer la vie de l'esprit par l'intensité de leurs effets ou la permanence de leur action[1]». La passion possède les mêmes effets que les drogues les plus puissantes, car celle-ci peut dégénérer en véritable obsession. L'amour, le vrai, c'est ce qui subsiste lorsque la passion du début de la relation s'atténue.

Pour que l'amour, ce mouvement vers l'autre, puisse exister et durer, trois conditions sont nécessaires. De plus, ces trois conditions doivent être canalisées vers la même personne et être réciproques.

L'Admiration

La première de ces conditions est l'admiration. Je ne peux aimer quelqu'un que si je l'admire et me sens admiré par celui-ci. L'admiration est un «sentiment de joie et d'épanouissement devant ce qu'on juge beau ou grand[1]». Il n'y a de l'amour que dans le respect.

À partir du moment où l'on se crie des bêtises, on hypothèque sérieusement l'Amour. On peut ne pas être toujours d'accord sur l'éducation des enfants, la façon de dépenser l'argent (ce sont là les deux principales sources de désaccord), la fréquence des rapports sexuels, le choix des amis, l'expression de la tendresse... mais on doit toujours être d'accord sur le fait que l'autre est une personne humaine unique et digne de respect, d'admiration et d'amour. La baisse de l'admiration est directement proportionnelle à la baisse de l'amour. La perte de l'admiration constitue un indice excessivement sérieux mettant en péril la survie même du couple.

Le Rêve

La deuxième condition est le rêve: deux personnes qui s'aiment partagent les mêmes projets, les mêmes rêves; ce sont deux complices qui complotent ensemble leur avenir : leur mariage, l'achat de la première maison ou de la première voiture, l'arrivée du premier enfant et des suivants, les succès professionnels de l'un ou de l'autre, l'implication sociale, les vacances, la retraite...

Que chaque membre du couple puisse avoir des rêves individuels différents de ceux de l'autre, il n'y a pas là de quoi fouetter un chat. Les rêves personnels ne doivent pas nécessairement se subordonner aux rêves du couple. Mais, à partir du moment où ceux-ci prennent le dessus sur le projet commun, ou encore à partir du moment où l'un se surprend à rêver à un(e) autre, la fin du rêve commun est proche. Tout couple est basé sur deux personnes autonomes possédant leurs propres projets respectifs. S'aimer, c'est rêver ensemble de choses possibles à deux.

Lorsque l'homme, par exemple, consacre toute son énergie et tout son temps à sa réussite professionnelle, lorsque la femme, comme c'est souvent le cas, ne vit plus que pour ses enfants, la distance qui se crée alors fait en sorte que les deux amants se perdent de vue et qu'ils se retrouvent comme deux étrangers une fois les enfants partis et le temps de la retraite arrivé.

La Sexualité

Évidemment, l'amour est basé sur l'attraction physique et sexuelle réciproque : troisième condition. Tellement que l'expression « faire l'amour » désigne les relations sexuelles. Qu'y a-t-il de plus merveilleux que de faire l'amour avec l'être aimé ? Aimer quelqu'un, c'est vouloir se coller, se toucher, se caresser, s'interpénétrer, se fusionner. Aimer quelqu'un, c'est être attiré physiquement par cette personne.

Est-ce à dire qu'une difficulté sexuelle ou une perte de libido signifie une perte d'amour ? Parfois, mais pas toujours. C'est toutefois un indice qu'il se passe quelque chose chez l'un ou l'autre ou dans la dynamique du couple, quelque chose dont le couple doit s'occuper au plus tôt s'il veut survivre.

La passion, par définition, tue le désir, au même titre qu'un bon repas fait disparaître la faim. Par définition aussi, je désire ce que je n'ai pas. Pour que l'attraction ou le désir de l'autre puisse durer, tout couple doit trouver une juste distance qui permet au désir de trouver sa satisfaction (il nous faut bien manger si l'on veut survivre), mais aussi une distance qui permet d'entretenir le désir (le repas est toujours meilleur lorsque l'on a faim). Agir en personne jalouse ou considérer l'autre comme acquis sont les plus sûr moyens de tuer l'attraction physique et sexuelle.

Nous verrons dans la deuxième partie de ce livre comment naît et évolue la relation amoureuse. Nous verrons aussi que, pour survivre, cette relation doit tenir compte d'une dynamique paradoxale inconsciente qui affecte tous les couples, même les plus amoureux.

L'amour est donc constitué d'admiration, de rêves et de sexe.

---

1. Le Petit Robert

Réflexions

Dans l'amour, personne n'est achetable. Ce qui fait souffrir, c'est la possessivité car celui qui prend est pris.

Placide Gaboury, philosophe

L'essentiel n'est visible qu'avec les yeux du coeur.

Antoine de St-Exupéry, *Le petit Prince*

Quand un homme et une femme sont mariés, ils ne deviennent plus qu'un : la première difficulté est de savoir lequel !

Philippe Poret

Imagine-t-on Tristan vieillissant auprès d'Yseut après lui avoir fait trois enfants ?

Françoise Giroud

« J'ai tout fait pour toi » signifie souvent « j'étouffais pour toi ».

Jacques Salomé

Si vous rencontrez un homme qui non seulement vous aime, mais qui vous désire et qui en plus vous fait rire, n'hésitez jamais à l'épouser.

Ma grand-mère

All You Need Is Love
Love Is All You Need

The Beatles

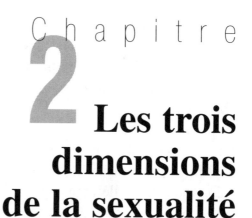

Chapitre

2

Les trois dimensions de la sexualité

Quand on parle de sexualité, on fait référence à trois choses :

La génitalité

Premièrement, et la plupart du temps, on fait référence à la génitalité, c'est-à-dire tout comportement qui fait intervenir les organes génitaux sauf, évidemment, les examens gynécologiques et urologiques qui, bien que faisant intervenir les organes génitaux, ne sont pas des comportements sexuels à proprement parler. La génitalité comprend essentiellement les relations hétérosexuelles, la masturbation (solitaire ou réciproque), les relations homosexuelles et les rêves érotiques, qu'ils impliquent ou non l'orgasme.

La sensualité

Deuxièmement, le mot sexualité fait aussi référence à la sensualité, au plaisir des sens, à l'excitation que l'on peut ressentir à la vue d'une scène érotique ou à la caresse d'un être aimé. Goûter la peau de son partenaire, humer son odeur, chuchoter des mots doux à son oreille sont aussi des gestes sensuels.

La sensualité peut mener à la génitalité : on l'appelle alors le plaisir préliminaire. Mais la sensualité existe aussi pour elle-même et en elle-même : on peut passer une soirée à se caresser, à se masser sans nécessairement coïter. Regarder un coucher de soleil, prendre un bain chaud aux huiles essentielles, recevoir un massage... sont des gestes sensuels, mais non sexuels.

Les hommes et les femmes auraient d'ailleurs avantage à explorer leur sensualité et leur érotisme afin de mieux s'épanouir sexuellement. Que faites-vous, madame, pour entretenir votre érotisme ? Attendez-vous toujours que votre partenaire soit à l'origine de votre excitation ? Et vous, monsieur, qu'attendez-vous pour élargir votre éventail de jeux sexuels ? Vous limitez-vous aux seins et aux organes génitaux, négligeant ainsi la valeur érotique du dos et de la nuque de votre partenaire ?

L'identité sexuelle
Il existe aussi une troisième dimension de la sexualité, dimension que le public en général a tendance à oublier : l'identité sexuelle, ce qui fait qu'on est un homme ou une femme, physiologiquement et psychologiquement parlant. Je n'ai pas à vous convaincre qu'il existe des différences entre l'homme et la femme. Plusieurs sont visibles, physiquement. Quant aux différences psychologiques, nul besoin de vivre longtemps avec quelqu'un de l'autre sexe pour s'apercevoir qu'il existe un monde de différences entre l'homme et la femme et ce à tous les points de vue : les émotions, l'organisation du travail, les priorités de vie, les relations humaines, l'humour et même la conduite automobile. Les hommes et les femmes sont différents, quoiqu'en disent les féministes et les tenants de la psychologie culturaliste.

La sexualité recouvre donc les réalités suivantes :

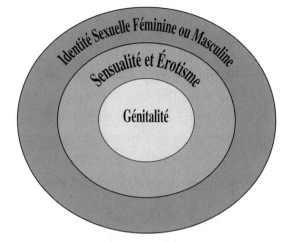

Tableau 1 : Les trois dimensions de la sexualité

La génitalité constitue évidemment l'objectif central de la sexualité, afin d'assurer la reproduction de l'espèce humaine. Mais, en même temps, elle n'en exprime que sa plus simple expression, quoique la plus intense.

Quelques différences homme-femme
Une différence sexuelle fondamentale sépare l'homme et la femme : le plaisir sexuel, l'orgasme et l'éjaculation sont innés chez l'homme, alors que la femme, sauf exception, doit apprendre les plaisirs de sa sexualité. À douze ans, la jeune fille devient capable de se reproduire mais, à l'instar des autres femelles mammifères, l'orgasme ne lui est pas nécessaire pour enfanter. Tel n'est pas le cas du mâle qui, lui, doit « orgasmer »[1] pour pouvoir éjaculer et se reproduire. La nature en a ainsi décidé.

Une conséquence comportementale importante liée à cette différence est que les hommes, en général, mettent davantage l'accent sur la génitalité alors que les femmes vont plutôt privilégier la sensualité parce que c'est celle-ci qui va lentement les ouvrir à la génitalité. À quinze ans, l'adolescent normal se masturbe facilement trois fois par semaine ; l'adolescente normale, quant à elle, rêve. Pour apprendre à orgasmer, elle doit cumuler des expériences romantiques, sensuelles et génitales agréables ; cet apprentissage peut parfois prendre des années. L'adolescent, quant à lui, a plutôt de la difficulté à contenir son excitation et veut accumuler le plus grand nombre possible d'expériences génitales.

C'est l'homme qui, dans le couple, veut faire l'amour le plus souvent et le plus rapidement. L'intensité de son désir le mène par le bout de son... pénis. La femme, elle, vibre davantage à l'atmosphère romanesque ; ce n'est qu'en vieillissant qu'elle devient plus génitale et que sa réactivité orgasmique s'améliore ; de même, c'est seulement autour de la quarantaine que l'homme devient plus sensuel et dégénitalise sa sexualité, ce qui en fait, aux yeux des femmes, un meilleur amant.

C'est comme si l'homme apprenait sa sexualité sur une bicyclette à dix vitesses : plus il va vite, plus il aime ça. Sauf que la femme apprend la sienne à la vitesse d'une trottinette. Comparez la relation sexuelle au fait de mettre les deux sexes sur un tandem, avec l'homme en avant. La sexualité ne peut, dans un tel contexte, que constituer une source importante de frustrations dans le couple si les deux partenaires ne parviennent pas à harmoniser leurs rythmes et leurs préférences[2].

La troisième partie de ce livre parle d'épanouissement sexuel et tente de déculpabiliser la sexualité et de dédramatiser certaines situations d'ordre sexuel présentes dans tout couple. Ces chapitres mettent aussi l'accent sur les plus récentes découvertes positives de la sexologie moderne et veulent défaire les mythes et les fausses croyances qui circulent sur la sexualité. La sexualité est comme un «don de Dieu» ou de la Vie, un don qui ne demande qu'à se développer s'il est convenablement nourri.

---

1. Note de l'auteur: bien que le verbe «orgasmer» ne soit pas répertorié dans les dictionnaires, il est d'usage courant en sexologie.
2. Contrairement à la croyance populaire, les mésentantes sexuelles ne constituent que la dixième raison pour demander le divorce.

Réflexions

Et Dieu créa l'homme à son image ; homme et femme, il les créa. Et Dieu les bénit, disant : soyez féconds et multipliez-vous. *Genèse 1 : 27-28*

Je suis à mon bien-aimé et mon bien-aimé est à moi, je suis l'objet de son désir. *Le Cantique des cantiques, 7, 12*

L'union sexuelle de l'homme et de la femme exprime la dimension cosmique de la création… Le plaisir sexuel reflète donc symboliquement la joie infinie de la divinité dans la création. *Krisna Deva*

Notre sexualité est comprise dans le billet que nous avons déjà payé à la vie. Notre sexualité n'est pas optionnelle, elle fait partie de nous.
Ted McIlvenna, *Meditations on the Gift of Sexuality*

Les hommes et les femmes sont différents à des niveaux divers et beaucoup plus que nous ne pouvons l'imaginer. Nous couper de ces différences et les nier revient à nous couper de la nature et d'un élément essentiel de notre héritage humain. Richard Alexander, biologiste
Université du Michigan

3
Amour, sexe et nature

Bien que se disant raisonnable, l'être humain n'en demeure pas moins un animal et, comme tel, il est soumis aux lois de la nature, qu'il en soit ou non conscient. Ainsi, qu'on le veuille ou non, la sexualité constitue une stratégie inventée par la nature afin d'assurer la survie des espèces vivantes ; ce que l'on nomme amour est une autre de ses stratégies a fin d'assurer les meilleures chances d'« élevage »[1] de nos petits. L'amour est, d'un point de vue biologique, au service de la sexualité.

Si, dans notre espèce, l'amour prend une si grande importance, c'est probablement dû au fait que la durée de l'élevage de nos enfants s'étend sur deux décennies alors que chez la majorité des autres espèces animales, les petits atteignent leur indépendance quelques jours, quelques semaines ou tout au plus quelques mois après leur naissance. Il est donc important pour l'espèce humaine que le mâle et la femelle, non seulement forment un couple stable, mais effectuent aussi un partage des tâches associées à cet élevage.

Différentes formes de sexualité

La bisexualité ne représente qu'une des nombreuses formes de sexualité. Les formes de vie les plus simples, l'amibe par exemple, sont unisexuées : on parle alors d'une cellule-mère qui, pour assurer la survie de son bagage génétique, se divise en deux cellules-filles, lesquelles deviennent mères à leur tour et se subdivisent à nouveau, ainsi de suite pour treize générations.

D'autres formes de vie sont hermaphrodites et possèdent la possibilité d'autofécondation : l'escargot, la sangsue, le ver de terre[2] sont des êtres hermaphrodites. Plusieurs végétaux possèdent, dans une même fleur, les organes mâles (les étamines) et les organes femelles (les pistils). Par contre, d'autres plantes ont besoin d'un intermédiaire (les insectes ou le vent) pour permettre au pollen des fleurs mâles d'aller féconder les plantes femelles. Il n'y a donc aucun contact physique et le couple n'existe évidemment pas dans ces espèces vivantes.

Certaines formes animales sont trisexuées : les abeilles et les fourmis font partie de ce groupe. On y retrouve une reine-mère (dont la seule tâche est de se reproduire), des bourdons ou des reproducteurs et une multitude d'êtres asexués : les ouvrières, les nourricières, les guerrières.

Mais, le plus étrange, ce sont les animaux capables de trans-sexualité. Le vidangeur, petit poisson qui accompagne les requins, possède cette particularité. Tous les individus de cette espèce animale viennent au monde femelles et forment un groupe d'une vingtaine de femelles dominées par un mâle. Mais d'où vient ce mâle ? Lorsque le mâle vieillit, l'une des femelles décide de le combattre et, si elle gagne, l'agressivité qu'elle a dû utiliser la transformera, à son tour, en mâle dominant.

L'hippocampe constitue une autre curiosité de la nature : c'est le mâle qui porte les petits et leur donne naissance dans un mouvement identique à l'éjaculation masculine. La Nature a vraiment fait preuve de créativité en développant différentes stratégies de reproduction et de survie.

Curieux, n'est-ce pas, comme tous ces exemples semblent démontrer que le sexe féminin est véritablement le sexe biologique de base et que le mâle ne serait, en fait, qu'une femelle spécialisée dans le sexe, une stratégie de la femelle pour assurer sa reproduction et la protection de ses petits. Que grand-père Freud aille se rhabiller.

Amour et polygamie

L'amour comme raison principale du mariage est apparu très tardivement dans l'évolution de l'humanité. Auparavant, on se mariait par nécessité, pour faire des alliances économiques ou politiques ou parce que les parents en avaient décidé ainsi, parfois même dès le plus jeune âge. D'ailleurs, en vieux français, aimer se disait « aider » ; ce n'est qu'au Xe siècle que nous retrouvons le verbe « amer » et qu'au XVe siècle que le mot « aimer » fut introduit dans l'usage. Le mot « amour », quant à lui, n'apparaît qu'au XIIe siècle dans la langue française.

Dans la majorité des espèces animales et mammifères, le couple n'existe pas ou, s'il existe, ne dure que le temps du coït, de la mise à bas et/ou de l'élevage des petits, soit tout au plus une saison. Les couples se font et se défont au rythme des périodes de rut[3]. De plus, les femelles animales sont généralement polygames, cherchant à s'accoupler avec le ou les mâles dominants à l'intérieur d'une même période de chaleur (oestrus).

Rares sont les animaux monogames, à peine 3 % de toutes les espèces. Y aurait-il chez ces espèces apparence de « lien amoureux » ? Nous en retrouvons plusieurs exemples chez les ovipares : les fous de Bassan, les manchots et certains types de perroquets sont des oiseaux monogames qui n'ont qu'un seul partenaire à vie. Si celui-ci décède, l'autre se retrouve seul et ne reforme pas de nouveau couple.

D'après Helen Fischer[4], l'être humain aurait, lui aussi, été polygame durant la plus grande partie de son évolution. Ce n'est qu'au moment où nous sommes passés d'un mode de vie nomade à un mode de vie sédentaire, avec le développement de l'agriculture, que les couples ont commencé à se stabiliser et qu'est apparue la notion de famille. Et ce n'est qu'avec la révolution industrielle du siècle dernier que l'amour, grâce à l'autonomie financière des individus, devint la principale raison du mariage et que la famille nucléaire (père, mère, enfants) se développa. L'animal humain serait foncièrement polygame, mais il se veut monogame.

Une autre information pour comprendre le divorce et en minimiser l'importante gravité qu'on lui donne de nos jours, c'est que l'institution même du mariage, pour le meilleur et pour le pire, a été créée au moment où l'espérance de vie tournait autour de trente-cinq ans et où les enfants devenaient autonomes avant même leur dizième année. N'oubliez pas que l'adolescence est une conséquence de la révolution industrielle et qu'elle existe à peine chez les animaux et les tribus dites primitives.

Aujourd'hui, notre espérance de vie dépasse de plus en plus quatre-vingts ans et proche est l'époque où chacun de nous deviendra centenaire. Au Moyen Âge, la vie de couple durait tout au plus vingt ans (de quinze à trente-cinq ans) et la survie individuelle dépendait du partage des tâches à l'intérieur de ce couple. Certes, on se marie plus tard aujour-d'hui, mais la vie de couple peut durer trois fois plus longtemps qu'au Moyen Âge. Il est donc compréhensible que l'amour, cette émotion mouvante, puisse changer d'objet deux, trois ou plusieurs fois dans une vie.

Le divorce peut évidemment avoir des conséquences désas-treuses sur les deux membres du couple et sur les enfants, mais ces conséquences sont souvent dues, non pas au divorce lui-même, mais plutôt à la façon dont on envisage le divorce : un échec de la relation amoureuse ou, pire encore, une trahi-son de l'autre. Et si le divorce n'était qu'une transformation de la relation amoureuse ? Et si le couple, à l'instar de nos amis les animaux, n'avait comme fonction que l'élevage de nos rejetons ? Si, comme le soutient Helen Fisher[4], l'avenir du couple était dans le passé, c'est-à-dire un retour à ce que l'être humain a presque toujours vécu : la formation d'un couple le temps de la reproduction et de l'élevage des petits. Et si, comme la tendance actuelle[5] semble le démontrer avec la révolution technologique, l'être humain n'était qu'un ani-mal solitaire qui tombe amoureux le temps de se reproduire ?

Et vous, qu'en pensez-vous ?

---

1. Élevage : action d'élever les animaux domestiques ou utiles, art de les faire naître, de veiller à leur développement, leur entretien, leur reproduction (Le Petit Robert). N'est-ce pas là l'essentiel des tâches du couple humain ?
2. Si vous coupez un ver de terre en deux, seule la partie femelle survivra.
3. Rut : état physiologique des animaux, spécialement des mammifères, qui les pousse à rechercher l'accouplement (Le Petit Larousse).
4. Fisher, Helen, *Histoire naturelle de l'amour*, Éd. Robert Laffont, Paris, 1994, 458 p.
5. Plus du tiers de la population des grandes villes du monde vit seule, ce qui n'em-pêche pas l'humanité de continuer d'évoluer comme elle a continué d'évoluer lorsque le couple et la famille n'existaient pas.

Réflexions

Lorsqu'on lui demandait pourquoi tous ses mariages avaient échoué, Margaret Mead répondait : « Je me suis mariée trois fois et pas un seul de ces mariages ne fut un échec. » Pour elle, le mariage pour la vie n'était pas un idéal et elle ne considérait pas le divorce comme un échec.   Helen Fisher

La femme se marie parce que cette situation de sécurité lui permet de se laisser aller et de commencer vraiment à vivre. L'homme se marie pour mettre fin aux fréquentations parce que celles-ci lui coûtent cher énergétiquement et financièrement.
Joe Tanenbaum, *Découvrir nos différences*

La meilleure prescription pour s'assurer d'une vie sexuelle dynamique consiste en une alimentation riche en fruits, en légumes frais variés, en protéines animales non grasses et en légumineuses, accompagné de repos suffisant et d'exercice régulier.   Dr John Lamont, Henderson Hospital

Les « Belles-au-Bois-Dormant » sont habituellement anorgasmiques. Elles attendent l'orgasme vaginal, le seul qui soit valable à leurs yeux et aux yeux de leur « Prince » charmant.
Louise-Andrée Saulnier, sexologue

2

Deuxième
partie

La vie
amoureuse

4

La séduction

Définition de la séduction

Saviez-vous que le mot séduction veut dire « amener à l'écart pour obtenir des faveurs » ?

Consciemment ou non, hommes et femmes séduisent continuellement, cherchant sans cesse à attirer l'attention pour obtenir une faveur, pour se faire aimer ou tout simplement pour le plaisir de vérifier leur pouvoir de séduction. Chacun(e) d'entre nous possède un pouvoir de séduction. Malheureusement, on le sous-estime trop souvent ou on se sent mal à l'aise, gêné, timide lorsqu'on a attiré l'attention de la ou des personnes désirées.

Dans les anciens cours de personnalité, on enseignait aux gens à entrer en contact avec ce pouvoir de séduction afin de mieux l'utiliser, de mieux le gérer. Pour son propre plaisir et pour le plaisir de celui ou de celle qui est séduit. Car il est toujours agréable de savoir que quelqu'un voudrait nous « amener à l'écart », même si nous pouvons dire ou disons non.

Les cinq étapes de la séduction

Il existe cinq étapes dans le processus de la séduction :

1. La première étape consiste à **attirer l'attention**. Les tactiques varient énormément d'un sexe à l'autre. Les hommes ont tendance à jouer de la tête, à rouler des épaules, à s'étirer, à se redresser et à se balancer d'un pied sur l'autre. À faire le coq, quoi ! L'homme bien calé dans son fauteuil, les mains croisées derrière la tête et le torse bombé est certainement en train de vous faire du charme, de vous montrer son importance.

   Les femmes, elles, cambrent le dos, pointent leurs seins en avant, balancent des hanches et se paradent sur leurs souliers à talons hauts. Elles peuvent aussi pencher la tête et vous regarder par-dessous, avec des paupières battantes ou tourner rapidement la tête pour faire virevolter leur chevelure, comme dans les annonces publicitaires de shampoing. Elles suggèrent le plaisir que vous pourriez vivre avec elles, tout en laissant flotter une aura mystérieuse d'inaccessiblité.

2. La deuxième étape débute avec **la rencontre des regards.** Rappelez-vous la première fois où vos yeux ont rencontré les siens : en un instant, vous avez été embrasé et vous saviez que c'était réciproque. Le regard est certainement l'instrument de séduction le plus efficace chez l'être humain. Il nous est impossible de résister au regard. Il déclenche chez l'humain deux émotions fondamentales : l'attirance ou la répulsion. Si l'un ou l'autre esquisse un sourire ou un léger mouvement du corps indiquant une réceptivité et que cette réceptivité est réciproque, ce peut être le début d'une véritable histoire d'amour. Mais rien n'est encore certain ; c'est la troisième étape qui va tout décider.

3. Cette troisième étape, **la conversation**, est cruciale dans le processus de séduction. Desmond Morris, auteur du *Singe nu* et du *Couple nu* l'a appelée le « discours de toilettage ». Durant ce discours, ce que vous dites a généralement moins d'importance que la manière dont vous le dites. Converser constitue la meilleure façon de briser la glace et d'annoncer nos couleurs. La plupart d'entre nous n'ont pas conscience du pouvoir de séduction de notre voix et du fait qu'elle constitue une deuxième signature; elle est très révélatrice de notre personnalité et de nos origines sociales et culturelles.

   Les psychologues ont démontré que l'intonation de la voix constituait 38 % de la communication alors que la signification des mots ou le contenu de la conversation n'équivalait qu'à 7 % ; c'est donc dire le peu d'importance du contenu de la conversation par rapport à la façon de communiquer. Le reste, soit 55 %, relève des deux dernières étapes de la séduction.

4. Si vous passez le test de la conversation, si chacun des partenaires continue à prêter l'oreille à l'autre, débute alors la quatrième étape : **le contact physique.** Contrairement à ce que l'on pourrait croire, c'est généralement la femme qui effectue le premier contact physique. Ce premier contact se manifeste par un léger toucher à l'épaule, au bras ou à la main ; il apparaît très spontané, mais est le plus souvent très délibéré : c'est comme si la femme donnait alors à l'homme la permission de prendre les devants et de tenter de l'« amener à l'écart ». Et c'est effectivement lui qui, par la suite, prend l'initiative en lui te-nant la main, en l'enlaçant par la taille ou les épaules, en l'embrassant sur la main ou sur la bouche. C'est

généralement lui aussi qui fait les premières invitations à sortir, à souper et à baiser. La relation peut toutefois se terminer à cette étape si l'un ou l'autre va trop vite ou pas assez vite.

5. La cinquième étape est celle du **synchronisme corporel** : les deux amoureux potentiels ont pivoté leur corps pour être face à face. Ils boivent leurs verres presque simultanément, croisent leurs jambes en même temps, se rapprochent physiquement l'un de l'autre et se penchent l'un vers l'autre. Les deux s'engagent dans un mouvement rythmé tandis qu'ils se regardent au fond des yeux. Ne dit-on pas que les amoureux se « dévorent des yeux » et qu'ils sont seuls au monde, même au milieu d'une foule ?

Cette tendance à mimer inconsciemment l'autre, à se faire l'écho de l'autre, est l'indice que la relation amoureuse et sexuelle, ce que les anthropologues appellent la « danse de l'amour », devient possible et qu'il est temps de quitter l'endroit où ils se sont rencontrés pour « aller à l'écart » et vibrer sur la même longueur d'onde. La danse de l'amour se manifeste autant dans la danse, les invitations à souper, les conversations que dans la relation sexuelle.

La majorité des histoires d'amour ont ainsi commencé. Ce processus peut être très rapide, nous assistons alors au fameux coup de foudre, ou prendre plusieurs mois pendant lesquels les deux partenaires s'apprivoisent progressivement, chacun cherchant à savoir à qui il a affaire avant de « tomber » réellement en amour.

Réflexions

La rencontre entre deux êtres ressemble au contact entre deux substances chimiques ; en cas de réaction, les deux sont transformés.

Carl Jung

Je reste sans voix à ta vue. Ma langue se brise, la fièvre me brûle, mes yeux se brouillent, mes oreilles bourdonnent, je transpire, je frissonne, je verdis, je crois mourir.

Sapho

Vous savez que vous avez été séduit(e) lorsque se développe en vous un syndrome reconnaissable à au moins quatre éléments : 1. Irruption d'images mentales incontrôlables : l'objet de votre amour assaille vos pensées. 2. La minimisation des défauts et faiblesses de l'être aimé. 3. La coexistence de deux sentiments : l'espoir et l'incertitude. 4. L'effet « montagnes russes » de vos états qui passent de la plus grande excitation à la plus profonde dépression.

Helen Fisher, *Histoire naturelle de l'amour*

Il y a deux grandes tragédies dans la vie : perdre celui que vous aimez et conquérir celui que vous aimez.

Oscar Wilde

C'est moi qui suis là. Je ne suis pas n'importe qui. Il n'y a pas de risque à m'approcher.

Le séducteur

5
Évolution de la relation amoureuse

La relation amoureuse évolue selon des étapes qui ont été très bien analysées : la passion, la lutte pour le pouvoir, le partage du pouvoir, l'engagement et l'ouverture sur autrui.

La passion

Pendant la séduction qui culmine dans la phase de la passion, première étape de la relation amoureuse, vous n'êtes pas encore certain que votre charme a fonctionné ; vous vous montrez donc sous votre plus beau jour afin de séduire et de conquérir l'autre. C'est pendant cette phase que les hommes sont les plus communicatifs et les plus attentifs ; ils soignent leur image et sont intéressés par tout ce que vous dites ; ils n'ont d'yeux que pour vous et vous complimentent sans cesse. C'est pendant cette phase que la femme vous regarde, vous écoute avec la plus grande admiration et est toujours prête à se coller et à faire l'amour avec vous, à votre rythme ; elle ne vous critique jamais et est prête à vous supporter dans tous vos projets.

En même temps, vous auréolez la personne convoitée : c'est votre âme soeur, votre prince, votre princesse et l'amour que vous éprouvez l'un pour l'autre surmontera toutes les épreuves. Vous passez vos nuits à bavarder et à faire et refaire l'amour. Vous ne pouvez plus vous passer l'un de l'autre : vous êtes éperdument amoureux, peut-être même pour la véritable première fois de votre vie. C'est la phase que l'on voudrait faire durer toujours.

Les biochimistes ont démontré que, pendant cette phase, le cerveau humain produisait une hormone appelée la phényléthylamine. C'est cette hormone qui serait responsable des états euphoriques que l'on vit lorsqu'on est en amour. Cette hormone aurait les mêmes effets que la cocaïne. Si la personne désirée vous quitte lors de cette période, c'est le manque, la peine d'amour. Si vous êtes un drogué de la phényléthylamine, c'est vous qui partirez lorsque vous sentirez que la passion diminue pour trouver ailleurs une nouvelle flamme qui restimulera la production de phényléthylamine. Vous irez de passion en passion, incapable de véritable engagement amoureux.

Par contre, si vous acceptez la baisse de la passion, votre cerveau remplacera la production de phényléthylamine par la production d'endorphines qui, elles, possèdent les mêmes propriétés que la morphine. Vous vivrez alors des jours de bonheur tranquille : vous pourrez dormir en paix, en silence, dans les bras l'un de l'autre. Vous n'aurez jamais été aussi bien, aussi en harmonie de toute votre vie. Votre couple vous comblera.

Hélas, la passion... passe ! En fait, pendant la phase de passion, vous n'étiez pas amoureux de l'autre personne ; vous étiez amoureux des sensations que l'idée que vous vous faisiez de l'autre personne provoquait dans votre corps et votre tête. Vous avez ignoré tous ses petits défauts ; vous n'avez vu et entendu que ce qui faisait votre affaire ; vous avez mis de côté tout ce qui pouvait émousser votre passion. Et vous vous êtes mariés ou, comme disent les espagnols, vous vous êtes « mis en maison » (casarse) ; vous avez commencé à cohabiter.

La lutte pour le pouvoir

Mais voilà que votre corps et votre tête se sont accoutumés aux effets de la phényléthylamine et des endorphines. Vous êtes toujours heureux, heureuse, mais l'intensité de votre bonheur s'est atténuée et vous revenez progressivement sur terre. Surprise, vous vous rendez compte que votre prince charmant se conduit parfois comme un crapaud, que votre princesse charmante sort de plus en plus régulièrement ses griffes et ses crocs. Vous prenez contact avec la personnne réelle avec laquelle vous êtes en amour.

Vous entrez dans la deuxième phase de votre relation de couple : la lutte pour le pouvoir. L'anxiété et l'insécurité de la séduction et de la passion vous forçaient à vous montrer sous votre meilleur jour ; la sécurité de votre bonheur et la certitude que l'autre vous aime vous permettent de vous laisser aller et de vous montrer sous votre vrai jour. Vous ne faites plus semblant, vous êtes vous-mêmes et vous commencez à dire et même à exiger ce que vous attendez de votre relation de couple. Vous l'aviez déjà dit, mais l'autre vous admirait et il(elle) n'a pas réellement entendu ce que vous disiez. S'il est vrai que l'amour est aveugle, il rend aussi sourd.

C'est alors que vous vous rendez compte que l'autre ne partage pas tout à fait vos points de vue sur les loisirs, l'argent, le choix de la maison, la répartition des tâches ménagères, le nombre et l'éducation des enfants, les ami(e)s, la fréquence des rapports sexuels, le type et l'endroit de vos vacances, le choix des films… en fait, la façon d'aimer et de s'investir dans le couple.

Vous vous rendez compte qu'il met l'accent sur sa carrière, alors que vous voudriez qu'il s'occupe davantage de la famille. Vous vous rendez compte qu'elle veut bien faire l'amour, mais à sa manière. Vous êtes méticuleuse, il laisse tout traîner. Vous adorez les argumentations serrées, elle met de l'émotion partout. Vous aimez les grands rassemblements de famille, il préfère aller à la chasse ou à la pêche avec ses amis. Vous aimez lire votre journal le matin, elle a toujours quelque chose à vous reprocher. Vous aimez les téléromans ; il préfère les émissions sportives. Il projette une retraite dans le sud ; vous préféreriez être près de vos petits-enfants. Ainsi de suite.

Cette lutte pour le pouvoir est inévitable et même nécessaire. C'est cette lutte qui permet de savoir à qui l'on a affaire et qui nous permet d'affirmer nos besoins et attentes face au couple. Cette lutte amène les deux partenaires à se situer l'un par rapport à l'autre. Malheureusement, la majorité des couples s'enlise dans cette lutte et s'engage dans des impasses :

«C'est toi qui as commencé !» «Non, c'est toi !»
«Si tu m'écoutais aussi quand je te parle.»
«Toi et ta maudite famille ! Vous êtes tous pareils.»
«Si t'arrêtais de critiquer pour faire changement.»
«Si tu ne remettais pas toujours tout à demain.»
«Si tu te ramassais, aussi.»
«Si tu faisais un homme (une femme) de toi.»
«Qu'est-ce j'ai fait au bon Dieu pour me retrouver avec toi?»

« On dirait que tu le fais exprès. »

« Je te l'avais bien dit. »

« Tu les (en parlant des enfants) laisses toujours en faire à leur tête. »

« Tu n'as qu'à t'en occuper un peu plus (des enfants). »

« Tu veux toujours avoir raison ».

« De toute façon, tu ne comprendras jamais rien ».

« Bon, c'est reparti ! »

« C'est ça, va-t-en ! »

Ces paroles vous sont familières. Ne vous en faites pas, vous êtes normaux. Nos deux amants intimes et passionnés deviennent, lors de cette phase, deux ennemis intimes. Tous les deux s'aiment et veulent continuer de s'aimer, mais les frictions sont de plus en plus nombreuses. Ces frictions sont dues aux différences existant entre les hommes et les femmes, aux différences existant entre cet homme particulier et cette femme particulière ; mais elles sont aussi dues à nos attentes frustrées face à la vie de couple et au paradoxe de la passion dont nous verrons la description au chapitre suivant.

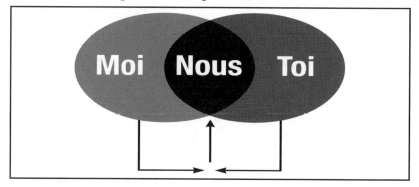

Tableau 2 : Les ennemis intimes
Chacun des deux cherche à convaincre l'autre
d'adopter SA conception du couple.

À ce stade, se joue l'avenir du couple. Plus de la moitié des couples divorceront et beaucoup répèteront la même dynamique avec un nouveau partenaire. Trente pour-cent 30 % des couples se résigneront, développeront une relation de couple déséquilibrée, se feront une guerre entrecoupée de périodes d'accalmies (sursaut de production de phényléthylamine) et rechercheront des compensations dans le travail, la famille ou ailleurs. À peine 20 % des couples réussiront à transformer cette lutte inévitable pour le pouvoir en partage du pouvoir, troisième étape de la vie de couple.

Le partage du pouvoir

Pour bien comprendre la dynamique du couple, comparons-le à une journée. Une journée est constituée d'un jour et d'une nuit dont la durée varie selon les saisons. Le jour est rempli de lumière et d'activités. La nuit est remplie d'obscurité et de repos. À l'aube et au crépuscule, le jour et la nuit se rencontrent. Ces deux périodes sont remplies d'harmonie et de paix : il ne fait ni jour, ni nuit ; il ne vente pas ; les oiseaux ne chantent plus ; le temps est comme suspendu. On le voit, le jour et la nuit se complètent pour former la journée, comme le Yin et le Yang le font pour constituer le Tao.

L'homme possède des facultés qui lui sont uniques et une façon bien à lui d'envisager la vie et le couple ; la femme possède des facultés qui lui sont uniques et une façon bien à elle d'envisager la vie et le couple. La femme peut remplir des fonctions (grossesse, enfantement et allaitement, séduction, préoccupations relationnelles, réceptivité, capacité de relation symbiotique) que l'homme ne peut remplir, ni même comprendre. L'homme possède des capacités (force physique, créativité matérielle, esprit de compétition, intrusivité[1], instinct de chasseur, besoin d'autonomie) que la femme ne peut égaler ni même comprendre. On ne peut demander à l'homme de remplir les fonctions féminines et vice-versa, tout comme on ne peut demander à la nuit de remplir les fonctions du jour et vice-versa. On ne peut demander aux deux que de se compléter pour former un tout : la journée ou le couple. La femme ne peut demander à l'homme de vibrer symbiotiquement avec elle comme elle peut le faire avec son foetus ; l'homme ne peut s'attendre à ce que sa femme « embarque » dans ses activités comme il peut le vivre avec un de ses amis. Ces deux attentes sont des illusions parmi tant d'autres.

Dans le partage du pouvoir, l'un et l'autre, après avoir pris connaissance des particularités individuelles de cet homme et de cette femme, acceptent d'utiliser ces particularités, différentes et parfois contradictoires, pour former leur couple. L'un et l'autre ne cherchent plus à transformer l'autre pour répondre à ses attentes propres ; l'un et l'autre n'accusent plus l'autre d'être le responsable de la frustation de ses illusions adolescentes face au couple. Les deux prennent conscience qu'ils sont amants **et** ennemis intimes (il y aura toujours des différends même dans les couples les plus heureux), mais les deux mettent dorénavant l'accent sur l'intimité et l'apport personnel, quoique différent, de chacun dans ce couple unique. Les deux exploitent[2] les qualités de l'autre au profit du couple (et de la famille). Les deux partagent le pouvoir qu'ils transfèrent maintenant au couple, comprenant que seul le couple, et non pas l'autre, peut satisfaire les besoins de chacun.

L'engagement
L'un des principaux indices démontrant que le couple a partagé le pouvoir et qu'il est prêt à entrer dans la quatrième

phase de son évolution, c'est qu'il lui est devenu maintenant plus facile de redire «Je t'aime». Durant la lutte pour le pouvoir, «Je t'aime» était souvent étouffé par «Je te déteste». Durant cette phase, dire «Je t'aime» équivalait à donner plus de pouvoir à l'autre. Le «Je t'aime» de la troisième phase n'a plus du tout la même signification. Ce «Je t'aime» ne veut plus dire «Je te mangerais», exprimant ainsi la passion fusionnelle du début, mais plutôt «Je m'engage». Il signifie:

«Je connais maintenant tes défauts et tes qualités, tes forces et tes faiblesses, mais j'accepte de vivre avec eux.»

«Tu n'es plus la belle princesse charmante à laquelle j'avais rêvé, tu n'es plus le prince charmant et fort de mes rêveries, ton corps a même subi l'épreuve du temps, mais je suis si bien avec toi.»

«Je connais un peu mieux tes besoins et tes attentes face à Nous et je m'engage à tout faire pour les satisfaire; nous savons très bien que je n'y parviendrai pas, mais je sais que tu va apprécier mes efforts.»

«Je ne veux plus te changer, je t'accepte tel(le) que tu es.»

«Tu n'es pas le partenaire idéal, j'aurais pu vivre avec quelqu'un d'autre, mais je suis content(e) du chemin que Nous a parcouru et je veux continuer de vieillir avec ce Nous.»

Le «Je t'aime» de la quatrième phase signifie en fait «Je Nous aime». Les deux amants sont devenus de réels complices. C'est à cette étape-ci que l'on devrait contracter mariage et non au moment de la passion aveuglante.

Ouverture sur autrui

Il est facile, au restaurant par exemple, de différencier les vieux couples qui s'aiment de ceux qui se sont fait la guerre et qui ne parviennent plus à communiquer. Les couples heureux se touchent, se regardent, se parlent; leurs yeux sont pétillants; ils sont animés. Ils respirent l'harmonie et la paix et deviennent, pour nous, des exemples que la vie à deux est possible. C'est ce que j'appelle l'ouverture sur autrui, la dernière étape de l'évolution du couple.

D'ailleurs, ces couples, souvent à la retraite, s'impliquent socialement, font du travail bénévole ou sont tout simplement toujours prêts à partager leur bonheur avec leurs enfants, leurs petits-enfants, leur entourage immédiat et lointain. Ils font preuve d'une très grande réceptivité, ayant été, malgré les épreuves inévitables de la vie, comblés par celle-ci. Ils deviennent des modèles à imiter et sont souvent des modèles enviés.

À l'inverse, il est facile aussi d'identifier, toujours au restaurant, les couples qui en sont encore à l'étape de la passion ou ceux qui n'ont jamais surmonté la lutte pour le pouvoir. Ces derniers échangent à peine quelques propos; l'homme lit souvent un journal ou jette des regards tout autour; la femme, tête baissée, regarde son mari par-dessous, espérant qu'il s'intéresse à elle et lui en voulant de ne pas le faire. La tension entre les deux est évidente tout comme, pour les jeunes couples, la passion est évidente.

• • • • •

Dans la réalité, ces étapes ne sont évidemment pas aussi tranchées; elles s'imbriquent et se superposent. Mais elles illustrent bien les grandes étapes à travers lesquelles évoluent tous les couples. Analysons maintenant plus en détail la dynamique fondamentale de tout couple au moment de sa formation.

---

1. Intrusivité : néologisme, de l'anglais intrusiveness, capacité d'intrusion.
2. Exploiter : faire valoir, faire rendre les meilleurs résultats, utiliser d'une manière avantageuse (Ah ! ce Petit Robert).

Réflexions

Il me paraissait tristement contradictoire que l'amour puisse être le plus joyeux de tous les sentiments humains et aussi le plus douloureux...

... Les dynamiques de l'amour sont si puissantes qu'elles peuvent littéralement nous transformer...

... Le désir même de séduire, de prendre un pouvoir émotionnel sur l'autre, contient un facteur de déséquilibre relationnel. Et c'est parce que le sentiment amoureux est biochimiquement lié à la sensation de perte de contrôle...

... Tomber amoureux, c'est comme acheter des actions. De même qu'on perd momentanément le contrôle de l'argent investi, on perd celui des sentiments concentrés sur l'être aimé. Et, de même qu'on ne peut intervenir sur le cours de la Bourse, on ne peut prévoir l'avenir de la relation amoureuse. C'est le facteur de risque en amour, celui qui fait si peur...

... Les relations amoureuses étant le lieu de toute volonté de plaisir et de toute peur du rejet, il est presque impossible de les maintenir en équilibre...

Extraits du livre *Le paradoxe de la passion*
Dean Delis et Cassandra Phillips

Le paradoxe
de la passion

Ce que nous pouvons déduire des étapes de la relation amoureuse, c'est qu'il y a toujours deux forces en présence, deux forces à la fois complémentaires et opposées, d'où le paradoxe. Ces deux forces se retrouvent d'ailleurs dans deux conceptions du mariage.

Deux forces opposées et complémentaires
La conception traditionnelle du mariage voudrait donner la priorité au couple : vous êtes unis pour la vie, pour le meilleur et pour le pire et rien ne saurait vous séparer. Plus rien n'existe en dehors du couple. Exprimé en termes mathématiques, 1 plus 1 égale 1. Cette première force est la tendance fusionnelle que l'on retrouve autant dans la passion, lorsque nos deux corps et nos deux esprits ne font plus qu'un, que dans la lutte pour le pouvoir, où l'un cherche à asservir l'autre pour assurer la satisfaction de ses besoins personnels.

En réaction à cette conception, les nord-Américains ont inventé le « mariage open », le mariage ouvert. Très populaire dans les années 75-85, le couple open avait des enfants ensemble, se rendait des services et s'entraidait mutuellement, mais se refusait toute exlusivité, y compris l'exclusivité sexuelle. Ce couple pouvait même faire chambre ou appartement à part. Il était alors à la mode que chacun fasse ses activités de son côté, ait son propre réseau d'amis, prenne ses vacances seul, etc. Exprimé en termes mathématiques, 1 plus 1 équivalait à 1 plus 1. En fait, le véritable couple n'existait pas et n'était utilisé que pour assurer la satisfaction de besoins primaires (sexualité, sécurité économique, fuite de la solitude...). Le « mariage open » révèle l'autre force fondamentale, le besoin d'autonomie de chacun des individus.

Tout couple est aux prises avec ces deux forces qui peuvent s'exprimer ainsi :

> « J'ai besoin de me fusionner à toi pour me compléter et combler mon vide intérieur mais, en même temps, je ne veux pas me perdre en toi, je veux rester moi-même. Je t'aime, mais je ne suis pas et ne veux pas devenir toi. »

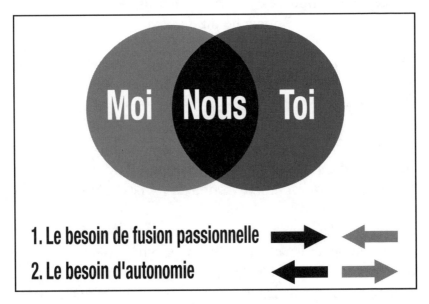

Tableau 3 : Les deux forces du paradoxe de la passion

Au début des histoires d'amour, les deux partenaires sont dans le même état : désireux de construire la relation et incertains de pouvoir le faire. Les deux augmentent alors leurs comportements séducteurs afin de s'assurer le contrôle émotionnel de l'autre : ils conjurent ainsi la peur d'être rejetés et développent la certitude d'être aimés.

Comme énoncé plus haut, c'est à ce moment-là, mesdames, que vos hommes sont les plus charmants, les plus prévenants, les plus fins et qu'ils vous donnent vraiment l'impression que vous êtes au centre de leur vie. C'est à ce moment-là, messieurs, que vos femmes sont les plus belles, les plus fines ; elles sont toujours d'accord avec vous et vous avez l'impression d'avoir trouvé une alliée pour la vie. Et tous deux, vous ne vivez que pour les moments où vous vous retrouvez ensemble. Tout le reste est dans l'ombre. Vous êtes amoureux et c'est tout ce qui compte.

Sauf qu'après un certain temps, votre besoin de fusion se trouve satisfait et vous commencez à éprouver le besoin de prendre une certaine distance. En effet, la satisfaction du besoin de fusion fait disparaître cette nécessité. Vous devez alors vous retirer pour qu'à nouveau puisse renaître le besoin de fusion. La passion tue le désir et le désir ne peut renaître que de la frustration du désir : je désire ce que je n'ai pas, pas ce que je possède. « Quand tu es loin, je veux me rapprocher de toi ; quand je me suis satisfait de toi, je veux m'éloigner » : tel est le paradoxe de la passion.

Si le besoin de distance, d'autonomie, de différenciation survient au même moment chez les deux amants, tout est parfait. Et si, en plus, le désir de fusion revient de façon simultanée, il y a alors un équilibre parfait dans le couple. Mais, ne soyons pas dupes, la réalité est tout autre : deux individus ne peuvent avoir le même besoin d'autonomie et de fusion.

En fait, tout le processus de la séduction a comme objectif de s'assurer le contrôle émotionnel de l'autre, c'est-à-dire de tout faire pour gagner l'amour de l'autre, tant au point de vue émotif qu'au point de vue sexuel. Une fois cette assurance acquise, on diminue progressivement nos conduites de séduction. Si, et c'est ce qui se produit dans la vraie vie, un seul des deux partenaires, au cours de l'étape de la passion, diminue ses conduites de séduction, l'autre aura peur d'être abandonné et, conséquemment, augmentera ses propres conduites de séduction, voudra fusionner plus intensément et plus fréquemment avec l'autre pour retrouver l'assurance d'être aimé et reprendre son contrôle émotionnel sur l'autre.

La personne qui diminue en premier ses conduites de séduction est celle qui se sent le plus en sécurité dans la relation. Cette personne s'éloigne non pas parce qu'elle n'aime plus l'autre, mais parce qu'elle a le goût de se retrouver seule avec elle-même et de vaquer à des activités autres qu'amoureuses : reprendre contact avec des amis, s'occuper de son hobby, remplir ses responsabilités professionnelles ou travailler à la réalisation de ses projets personnels.

En fait, c'est une façon de dire : je t'aime, je veux vivre avec toi, mais j'existe aussi en dehors de toi. Je tiens à notre « Nous », mais je ne veux pas me limiter à notre « Nous ». Je t'aime, mais je ne suis pas toi.

Mais si l'un des deux a le goût de prendre de la distance au moment précis où l'autre a besoin d'une passion fusionnelle ou a besoin de se sentir aimé par l'autre, il y a alors là un risque de déséquilibre émotionnel relationnel et de création d'un cercle vicieux: plus l'un s'éloigne, plus l'autre s'approche; plus l'un s'approche, plus l'autre s'éloigne. La conséquence de ce cercle vicieux: l'un devient dominant et l'autre dominé.

Le sens commun dirait que celui qui veut prendre de la distance n'a qu'à rassurer celui qui se sent abandonné. Mais pourquoi faire reposer sur les épaules du dominant toute la responsabilité du déséquilibre relationnel? On pourrait aussi bien demander au dominé d'être patient et d'attendre que l'autre ait un regain de son désir de fusion. Voyez-vous toute la complexité du paradoxe de la passion? C'est dans l'étape du partage du pouvoir que le couple doit créer ce que Delis et Phillips[1] appellent la juste distance, c'est-à-dire un espace où le besoin de fusion et le besoin d'autonomie peuvent trouver chacun leur satisfaction.

Tous les couples doivent donc apprendre à gérer un certain déséquilibre dans leur relation émotionnelle car il y a dans tout couple une certaine lutte pour le pouvoir, pour contrôler la source de satisfaction de ses besoins amoureux. Ceci est tout à fait normal. Mais parfois, ce déséquilibre augmente et les conflits se développent.

Test de déséquilibre relationnel
Pour savoir si votre couple est aux prises avec un déséquilibre relationnel, répondez par oui ou par non aux quinze questions[2] suivantes et lisez les deux prochains chapitres pour savoir si vous êtes dominant ou dominé dans votre couple:

1. L'un de vous est-il possessif ou même jaloux de l'autre?

2. L'un de vous attend-il toujours ou très souvent après l'autre (appels téléphoniques promis, mais jamais faits; retards répétés pour rentrer à la maison…)?

3. L'un de vous est-il considéré comme le bon de l'histoire et l'autre comme le méchant? L'un de vous se fait-il plaindre par l'entourage ou par la famille (Comment fais-tu pour vivre avec lui ou elle)?

4. L'un de vous fait-il davantage d'efforts pour susciter le dialogue ou établir la communication? L'un de vous dit-il souvent «Parle-moi» et l'autre «De quoi veux-tu que je te parle»?

5. L'un de vous dit-il «Je t'aime» plus souvent que l'autre? L'un de vous demande-t-il souvent à l'autre «M'aimes-tu?»

6. Lors de rencontres sociales, l'un de vous attire-t-il facilement l'attention du sexe opposé? L'un de vous se sent-il gêné ou ennuyé par la conduite de l'autre en public?

7. L'un de vous est-il moins tendre que l'autre après avoir fait l'amour? Faites-vous l'amour par hygiène, par devoir, pour faire plaisir à l'autre…?

8. L'un de vous est-il plus désireux d'analyser les problèmes du couple que l'autre? L'un de vous dit-il souvent «Il faudrait qu'on se parle»?

9. Quand vous sortez avec des amis, l'un de vous se sent-il délaissé tandis que l'autre a l'impression d'être surveillé? L'un de vous se sent-il soulagé d'être avec des amis plutôt que seul à seule?

10. L'un de vous donne-t-il plus d'importance à sa carrière que l'autre ? L'un de vous a-t-il tellement de travail que l'autre se sent délaissé ?

11. L'un de vous se sent-il frustré ou insatisfait de la relation alors que l'autre la considère comme acquise ? L'un de vous se fait-il accuser de chercher des bibites là où il n'y en n'a pas ?

12. Au restaurant, en tête-à-tête, avez-vous de la difficulté à entretenir la conversation ? Avez-vous l'impression que la communication se fait à sens unique ?

13. Si vous n'êtes pas mariés, l'un de vous soulève-t-il plus souvent que l'autre la question de l'engagement ?

14. Si vous êtes mariés, l'un de vous évoque-t-il plus souvent que l'autre la possibilité d'avoir des enfants (ou un enfant de plus) ?

15. Quand vous vous disputez, l'un de vous se fait-il traiter d'égocentrique, d'égoïste, d'indifférent, tandis que l'autre est accusé d'être possessif, exigeant ou collant ?

Additionnez maintenant vos oui et vos non. Si vous avez répondu non à toutes ces questions, vous êtes probablement encore en pleine lune de miel. Continuez d'en profiter, mais n'oubliez pas qu'un jour ou l'autre la passion va… passer.

Si vous avez de 1 à 3 oui et que vous vivez ensemble depuis plus de cinq ans : bravo ! Vous avez probablement appris à très bien partager le pouvoir et à entretenir un minimum de passion entre vous deux.

Si vous avez entre 3 et 10 oui, vous vivez certainement des hauts et des bas dans votre relation, comme tout couple normal. En prenant connaissance des deux chapitres sur le dominant et le dominé, vous pourrez probablement rétablir un meilleur équilibre et restimuler votre passion.

Si vous avez plus de 10 oui, je vous encourage fortement à consulter un conseiller conjugal ou un psychologue, car je suis convaincu que l'un de vous deux pense sérieusement au divorce, que l'un d'entre vous étouffe dans cette relation alors que l'autre ne se sent pas compris du tout. Ne vous culpabilisez pas, ce n'est pas votre faute, ni celle de votre partenaire ; les seuls coupables sont le paradoxe de la passion et votre difficulté de communication due à votre ignorance réciproque de ce paradoxe et des différences qui vous séparent.

En fait, plus vous avez répondu oui à ces questions, plus votre relation de couple contient des éléments de déséquilibre et plus vous risquez d'être aux prises avec le cercle vicieux du paradoxe de la passion, c'est-à-dire que s'est installée dans votre couple une relation de domination : l'un se sent dominé et rejeté alors que l'autre étouffe et se sent partagé. Plus vous attendrez avant de vous attaquer sérieusement à ce déséquilibre, plus le déséquilibre augmentera et il viendra un moment où votre couple éclatera.

---

1. Delis, Dean et Cassandra Phillips, *Le paradoxe de la passion ou les jeux de l'amour et du pouvoir*, Éd. Laffont, Paris, 1992.
2. Questionnaire tiré et adapté de Delis et Phillips ci-haut mentionnés, pp. 24-25.

Réflexions

Dans toute relation où deux personnes ne font plus qu'une, le résultat final est deux demi-personnes.   Wayne Dyer

Je ne suis pas sur la terre pour répondre à tes besoins.
Tu n'es pas sur la terre pour répondre à mes besoins.
Je suis mon chemin, et tu suis le tien.
Si on se rencontre, tant mieux.
Sinon, on n'y peut rien.   Fritz Perls, psychanalyste

Mon pouvoir est un pouvoir d'influence. Sinon, je n'ai pas de pouvoir du tout. En politique, on n'a pas ce pouvoir-là, on gouverne avec une multitude de groupes de pressions, de lobbies.
        Lise Payette, auteure

Nous ne sommes jamais tant démunis contre la souffrance que lorsque nous aimons.   Freud

C'est quand on devient quelqu'un que l'on se rend compte que l'on n'est personne.   Placide Gaboury, philosophe

N'importe qui peut être malheureux, mais, pour se rendre soi-même malheureux, il faut avoir appris comment. Et les quelques revers que le destin nous assène n'y suffisent pas.
        Paul Watzlawick

7
Êtes-vous dominé dans votre couple ?

Nous avons vu dans le chapitre précédent que le paradoxe de la passion pouvait créer un déséquilibre et amener une relation de domination dans le couple : le dominant qui veut prendre de la distance et le dominé qui, pour être rassuré dans son amour, a besoin de fusion. Dans ce chapitre et le suivant, nous verrons les caractéristiques du dominé et du dominant et ce que chacun peut faire pour rétablir l'équilibre.

Les caractéristiques du dominé
Le dominé aime, il aime l'autre comme ce n'est pas possible. Il est prêt à tout, je dis bien à tout, pour faire durer la relation. Le dépendant est passionné, il ne maîtrise plus ses émotions. C'est lui qui perçoit les premiers signes d'éloignement et qui devient anxieux. Son amour embellissait son partenaire ; le risque de le perdre l'idéalise. Son prince charmant devient roi.

Le dominé constate les appels téléphoniques oubliés, les retards grandissants, la fréquence moindre des cadeaux, etc. La peur et l'espoir envahissent le dominé : la peur d'être rejeté, d'être dépossédé de son amour et l'espoir de sentir un peu de pouvoir dans la relation. Il veut reconquérir son partenaire et utilise les mêmes tactiques qu'en début de relation, ce qui fait fuir le dominant et accentue la crainte du dépendant.

Le dépendant pathologique est même prêt à sacrifier sa vie et son identité à la relation. Ce dépendant devient un écho de l'autre : il ne veut surtout pas déplaire au dominant. Il angoisse et paralyse, et toute son attention est centrée sur les stratégies pour reconquérir l'autre. Il se met à gaffer, ne sachant pas que le meilleur moyen de reconquérir un dominant, c'est justement de ne pas essayer.

Mais le dominé est persuadé, envers et contre tout, que **l'amour finira par venir à bout de tous les problèmes** du couple. Il ne cesse de répéter «Je t'aime». Et tout aussi souvent : «Est-ce que tu m'aimes ?» Le désir sexuel du dominé est exacerbé ; il en devient obsédé car chaque nouvelle relation sexuelle agit comme un baume sur ses craintes. Faire l'amour symbolise le plus grand désir du dépendant : la fusion avec l'être aimé.

Le dépendant vit aussi de l'ambivalence. Une ambivalence entre son esprit qui lui dit de quitter cette relation de souffrance et d'humiliation et son coeur qui répond qu'il n'a jamais été aussi amoureux de toute sa vie et que sans son partenaire ce serait la fin du monde.

Le dépendant refoule sa colère, son ressentiment, au début. Au début seulement, car sa frustration augmente. Mais sa colère, lorsqu'elle s'exprime, devient autodestructrice : il devient jaloux, possessif. Il peut parfois simuler l'indifférence ; il peut même utiliser le chantage, et même le chantage au suicide. Parfois, il explose et devient violent physiquement, afin de réaffirmer le pouvoir qu'il a perdu.

Le dominé apparaît, à première vue, comme la victime du paradoxe. Mais, en fait, il en est l'un des acteurs et il entretient, inconsciemment et involontairement, ce paradoxe.

Ce que le dominé peut faire

Pour rétablir l'équilibre dans le couple, le dominé peut utiliser plusieurs stratégies. Il doit, évidemment et premièrement, cesser ses comportements de séduction puisque ceux-ci font fuir le dominant. Il doit aussi mettre un terme à ses scénarios de catastrophe : ce n'est pas vrai qu'il va mourir sans l'autre. Si le dominant décide de le quitter, le dominé aura certainement très mal, mais il est faux de prétendre qu'on meurt d'amour.

Le meilleur moyen que le dominé puisse utiliser pour renforcer la relation est d'investir ses énergies ailleurs que dans la relation amoureuse : trouver un nouveau défi personnel, reprendre ses anciens intérêts, renouer contact avec ses amis ou sa famille, retourner travailler ou s'investir un peu plus dans son travail... En un mot, trouver de nouvelles sources de plaisir et d'estime de soi, permettant ainsi à l'autre de respirer.

Accepter sa solitude temporaire, vivre sa tristesse de voir l'autre s'éloigner, utiliser sa colère comme source d'énergie, accepter de se changer soi et non l'autre, affronter sa peur du divorce, agir comme si l'autre n'était plus là, comprendre le jeu de ces forces opposées et complémentaires... sont d'autres stratégies que le dominé peut utiliser pour faire fonctionner, à son avantage, le paradoxe de la passion.

Ce qu'il faut comprendre ici, c'est que lorsque le dominant aura suffisamment respiré et qu'il prendra conscience de la possibilité de perdre le contrôle émotionnel qu'il exerce sur l'autre, son anxiété augmentera et son désir de fusion avec son partenaire renaîtra. Sinon, le dominé, devenu plus confiant, acceptera l'éloignement du dominant et pourra lui-même décider de mettre fin à la relation s'il n'y trouve pas un minimum de satisfaction de son besoin légitime de fusion.

Le dominé n'est pas la victime du paradoxe, comme on serait porté à le croire à première vue. Il est l'un des acteurs du paradoxe : il peut entretenir le paradoxe ou jouer avec la juste distance pour rétablir l'équilibre émotionnel de la relation. Le dominé doit cesser de croire que fusion et passion sont synonymes d'amour et que ce type d'amour est tout puissant. La passion constitue une dimension de l'amour ; l'amour est plus grand que la passion. Mais même l'Amour avec un grand A n'est rien sans la Connaissance.

Un exemple vécu
Madeleine, une belle et grande femme de 50 ans, avait renoncé, lors de sa première grossesse, à une carrière prometteuse de directrice en soins infirmiers pour se consacrer à sa famille, à la tenue de sa grande maison et pour assister Georges, un dentiste renommé, dans sa carrière et dans ses investissements immobiliers.

Presque trente ans s'étaient passés depuis leur mariage lorsqu'ils vinrent me consulter. Georges était parti de la maison depuis trois mois, « une séparation temporaire, à l'essai » disait-il. Il avait pris cette décision suite à l'engagement, pour sa clinique, d'une administratrice avec laquelle il avait conversé plus intimement à l'occasion de dîners d'affaires. Cette femme, séparée et à peine quelques années plus jeune que Madeleine, ne le laissait pas indifférent ; il retrouvait avec elle une certaine vitalité : elle avait de l'esprit et lui apportait de la nouveauté. Mais il ne s'était jamais rien passé de plus, car elle disait ne rien vouloir entreprendre avec un homme marié.

Georges s'ennuyait de plus en plus dans son couple et trouvait que Madeleine ne lui apportait plus de défis, parlant seulement de maison, d'enfants et de problèmes immobiliers. Il ne voulait pas réellement quitter Madeleine avant d'être sûr qu'une autre femme le recevrait ; il avait peur de la solitude et se sentait démuni devant ses besoins primaires. Tellement que depuis qu'il était parti de la maison, il ramenait à Madeleine son linge à laver chaque semaine, venait coucher à la maison (et baiser Madeleine) tous les quatre ou cinq jours et laissait celle-ci s'occuper de la gestion financière et matérielle de ses deux immeubles à revenus.

Madeleine se soumettait aux désirs sexuels de son mari, acceptait de l'accompagner dans ses déplacements à l'extérieur de la ville, lavait son linge, s'occupait de ses finances et avait toujours quelque chose qui mijotait au four au cas où il passerait. Pour elle, chaque nouvelle relation sexuelle, chaque invitation, chaque discussion au sujet des immeubles, chaque visite impromptue constituait une preuve d'amour et ranimait en elle l'espérance qu'il reviendrait. Elle aimait tellement Georges et croyait ainsi se comporter en femme aimante. Elle ne voulait pas lui dire non parce qu'il était sa seule raison de vivre, les enfants étant aux études universitaires. Elle était devenue une dépendante affective et était au bord de la dépression car elle sentait le vide s'installer entre elle et Georges, sa dernière raison de vivre.

Comme il m'arrive souvent de le faire, après avoir rencontré les deux conjoints en couple à quatre ou cinq reprises pour bien saisir leur dynamique, je décidai de travailler de façon plus serrée avec le membre du couple qui démontrait à la fois une plus grande ouverture et une plus grande nécessité de changement. Dans ce cas-ci, ce fut Madeleine. Je vis Georges une fois par mois et Madeleine chaque semaine.

Madeleine prit rapidement conscience qu'elle n'avait presque plus d'identité en dehors de son mari et que son attitude attentiste et servile était justement ce qui avait amené Georges à perdre toute admiration pour elle, même si son désir sexuel était encore présent ; cette perte d'admiration et l'étouffement qu'il ressentait devant le fait qu'il se sentait responsable de la réalisation et du bonheur de sa femme l'amenaient à remettre en question le projet de vie qu'il avait élaboré avec elle. Que pouvait faire Madeleine pour ranimer l'estime d'elle-même et l'admiration de Georges ?

Madeleine avait toujours caressé le rêve de reprendre des études en arts littéraires. Disposant de temps, mari et enfants étant partis, elle osa faire une demande à l'université et sauta de joie lors de son acceptation. Elle consacra de plus en plus de temps aux quelques cours qu'elle prit et cessa, à son corps défendant mais avec mes encouragements, de laver le linge sale de Georges, refusa ses invitations à l'accompagner et référa les demandes des locataires des immeubles de Georges au bureau de ce dernier. Elle m'avoua même avoir perçu un « certain intérêt » de la part de l'un de ses professeurs et de quelques étudiants mâles plus jeunes qu'elle. Elle n'y croyait pas : elle, une femme de cinquante ans, délaissée par son mari. Comment pouvait-elle attirer le regard d'autres hommes ? Elle reprit confiance en elle en retrouvant son pouvoir de séduction et continua à tenir tête à Georges, y compris au niveau sexuel.

Georges m'en voulut-il, croyez-vous ? Au contraire, la transformation de sa femme ranima l'admiration qu'il avait déjà
eue pour elle et il admirait de plus en plus la nouvelle
Madeleine, celle qui parlait avec enthousiasme de ce qu'elle
faisait plutôt que de le critiquer de n'être jamais là ou de ne
pas s'intéresser à elle. Il apprit même beaucoup de choses
sur la littérature et comment, grâce à mes interventions, ne
plus se sentir responsable d'elle tout en lui donnant le support dont elle avait besoin et une partie de l'attention qu'elle
attendait de lui et était en droit de recevoir.

Certes, il m'en veut encore un peu d'être obligé de faire plus
de ménage à la maison et de s'occuper davantage de ses
immeubles (il cherche à les vendre), mais il n'a pas renou-
velé le bail de son studio. Et, parce que Madeleine est moins
disponible et lui dit plus souvent non, sa peur de la perdre
s'est intensifiée et son désir d'elle a augmenté.

Réflexions

Et mon sourire hélas fait moins que vos courroux !
Et ma prière n'obtient pas le moindre amour !
Tandis que moi, plus je l'aime, plus il me fuit !

William Shakespeare

Écho est une nymphe de la mythologie grecque qui commit l'erreur de mécontenter une déesse. Elle était célèbre pour ses talents de conversation, et la déesse la punit en la condamnant à répéter indéfiniment les mots des autres. Mais le vrai drame d'Écho commença lorsqu'elle tomba amoureuse du jeune et beau Narcisse. Écho s'approcha de lui, mais Narcisse la repoussa quand il comprit qu'elle ne savait que restituer les mots qu'elle entendait.

Ainsi fait le (la) dominé(e)

Être amoureux se résume à un simple état d'anesthésie de la perception.

H. L. Menken

L'amour est comme la fièvre, il naît et s'éteint sans que la volonté y ait la moindre part.

Stendhal

Je n'avais que des attentions pour elle (lui). Je faisais tout pour lui plaire. Je me défonçais vraiment pour elle (lui), mais jamais, je n'arrivais à la (le) satisfaire.

N'importe quel(le) dominé(e)

8
Êtes-vous dominant dans votre couple?

Les caractéristiques du dominant

Le dominant passe pour le monstre dans la relation à deux parce que c'est lui qui s'éloigne de l'autre et qui décide si la relation va continuer ou prendre fin. C'est généralement lui qui quitte et qui porte le fardeau de l'échec de la relation. On lui reproche, à tort, de ne pas s'être suffisamment occupé de l'autre, de ne pas avoir été assez aimant.

Si le dépendant vit l'angoisse du rejet, le dominant, quant à lui, vit un mélange de culpabilité, de colère, de désarroi, de doute et de frustration. Il sait le mal que son rejet pourrait faire à l'autre. Il hésite et redoute aussi la solitude après le divorce.

Les dominants ont tendance à se chercher des excuses, et la meilleure de ces excuses, c'est évidemment le travail. Le dominant diminue ses conduites de séduction. Son désir sexuel s'amoindrit progressivement. Il communique de moins en moins verbalement avec l'autre. Il s'enferme dans le silence, croyant ainsi acheter la paix.

Le dominant réalise souvent qu'il est piégé dans une relation avec quelqu'un qui l'aime et a besoin de lui, mais que lui n'est plus sûr d'aimer ou de pouvoir aimer. Il étouffe dans sa relation et il commence à regarder ailleurs et, parfois, il entretient une relation extra-conjugale. Au restaurant ou ailleurs, il est facile de voir qui, dans le couple, est le dominant : il fuit le regard implorant du dominé.

Le dominant se met de plus en plus souvent en colère contre le dépendant qui, lui, s'attache de plus en plus au dominant de peur d'être délaissé. Il se met aussi en colère contre lui-même pour s'être laissé coincer. Et il se sent coupable de cette colère, d'être le salaud. Le dominant vit une ambivalence viscérale, une attirance et une aversion simultanées envers son partenaire.

Le dominant, ne pouvant prendre de décision, s'arrange pour gagner du temps. Certains vont même se marier ou avoir un enfant en **espérant que le temps va arranger les choses.** Certains se résignent ou abdiquent : de toute façon, il faut bien vivre avec quelqu'un, pourquoi pas ce partenaire-ci, tout en cherchant des compensations ailleurs. Il va aussi souvent proposer une séparation provisoire, séparation qu'il aura tendance à éterniser.

Alors que le dominé vivra sa peine d'amour après le divorce, le dominant vit les pires affres avant de prendre la décision de partir ou non. Et ces moments sont d'autant plus douloureux qu'il n'ose en parler à son partenaire, pour ne pas lui faire de peine, ou à une tierce personne : il se sent vraiment seul dans son ambivalence. Cette ambivalence démontre que le dominant aime encore son partenaire, mais qu'il est actuellement dans le second pôle du paradoxe, soit la tendance à la différenciation : «je t'aime, mais je ne suis pas toi et je ne peux pas répondre à tous tes besoins ; je veux m'occuper du couple, mais je dois aussi m'occuper de moi-même».

Le dominant, aux yeux du dominé, c'est le prince charmant qui se retransforme en crapaud au lieu de devenir le roi que le dominé espérait.

Ce que le dominant peut faire

Premièrement et surtout, se réconcilier avec lui-même et cesser de se considérer comme le coupable du déséquilibre de la relation et des malheurs de son partenaire. Le vrai coupable, c'est la dynamique relationnelle (fusion vs autonomie) inhérente à toute vie de couple. Le dominant doit détourner sa colère contre son partenaire ou contre lui-même pour la canaliser sur cette dynamique relationnelle et faire intervenir les lois du paradoxe.

Le dominant a l'habitude de raisonner de travers. La réelle question n'est pas de partir ou de rester, de choisir son partenaire ou son amant(e), mais plutôt comment et quoi faire pour rétablir l'équilibre dans le couple.

Pour ce faire, le dominant doit cesser d'accuser le dominé et d'exagérer ses défauts, il doit regarder la relation avec plus d'objectivité, faire la part des choses et faire des tentatives de rapprochement, non pas pour s'investir davantage, mais pour se prouver qu'il est encore capable de le faire. Donner de l'affection satisfait et rassure le dominé qui devient alors moins exigeant. La loi fondamentale du paradoxe dit que, lorsque votre besoin de fusion est satisfait, le besoin d'autonomie augmente.

De toute façon, le dominant est toujours libre de conserver le statut quo ou de modifier ses comportements vis-à-vis de son partenaire. Il peut même expliquer à son partenaire ce qu'il vit intérieurement et prendre le risque de montrer ses points faibles. Et si tout cela ne fonctionne pas, le dominant pourra alors partir sans remords, sachant qu'il a tout essayé pour sauver son couple et qu'il n'est pas le seul responsable du divorce.

Un exemple vécu
Lorsque Georges proposa une séparation temporaire à Madeleine, il étouffait littéralement dans sa relation. Il savait que sa femme était à la maison, l'espérant. Il se sentait surveillé, épié parce qu'elle l'appelait de plus en plus souvent au bureau sous prétexte de lui demander conseil sur l'administration des immeubles qu'il avait achetés ; il en venait même à se maudire d'avoir fait cet investissement qui, malgré tous leurs efforts, ne rapportait pas le rendement escompté. Il avait cru ainsi occuper Madeleine pour qu'elle s'accroche moins à lui.

Il invitait de plus en plus souvent sa nouvelle collaboratrice à dîner et avait commencé à lui faire quelques confidences sur ce qu'il vivait avec Madeleine. Il retardait de plus en plus son retour à la maison, sous prétexte d'urgences de dernière minute : il espaçait de plus en plus les moments d'intimité avec elle, sauf lorsque son besoin sexuel se faisait sentir, mais il se sentait faux, divisé, malhonnête. Il essayait d'espacer ces relations mais se surprenait à regarder passer les femmes autour de lui et à sentir monter l'excitation en lui. Il trouvait Madeleine encore belle ; il se remémorait les bons moments passés avec elle ; elle avait été et était une bonne amante et une bonne mère. Il se disait qu'il n'avait pas le droit de la quitter, pas après tout ce qu'elle avait fait pour lui, pour la famille. N'avait-elle pas abandonné sa propre carrière pour lui permettre de se consacrer entièrement à sa carrière somme toute florissante ?

Et que diraient ses enfants s'il quittait Madeleine définitivement ? Comment ses propres parents, qui vivaient ensemble depuis cinquante-cinq ans réagiraient-ils s'il divorçait ? Est-ce que cela aurait une influence négative sur sa clientèle ?

Pourtant, ils avaient tout pour être heureux : leur grande maison était totalement payée ; leurs deux enfants finiraient bientôt leurs études et seraient autonomes ; ils pourraient profiter d'une retraite bien méritée, se mettre à voyager, prendre la vie du bon côté… Tous deux avaient travaillé très fort pour y parvenir. Pourquoi fallait-il que cela leur arrive, lui arrive ? Pourquoi ne pouvait-il plus aimer Madeleine et continuer à vivre avec elle ?

Georges fut très surpris et soulagé lorsque je lui fis comprendre que la responsabilité de la situation n'était pas la sienne, du moins pas uniquement, mais celle du déséquilibre fusion-autonomie que tous deux avaient nourri, involontairement et inconsciemment, au cours de leur relation amoureuse. Il fut très rassuré d'apprendre qu'il n'était pas le seul à vivre cette crise et que la première question à se poser n'était pas de savoir s'il devait ou non quitter Madeleine pour essayer de conquérir sa collaboratrice ou une autre femme, mais plutôt quoi faire pour essayer de rétablir l'équilibre entre lui et Madeleine.

Lorsqu'il eut accepté de reporter à plus tard sa décision de quitter ou non Madeleine (quelle différence peut faire trois ou quatre mois après vingt-sept ans de mariage?), je lui proposai une stratégie de rapprochement, non pour satisfaire les besoins de sécurité et de fusion de Madeleine, mais pour vérifier s'il pouvait à nouveau se sentir bien à ses côtés. Je lui demandai, en fait, de mettre temporairement de côté la partie de Georges qui avait le goût de nouveauté, le goût de l'aventure, le goût d'une nouvelle intensité.

Je lui suggérai de voir Madeleine comme une personne indépendante, ce qu'elle était, et comme une personne responsable de ses propres besoins et des moyens à trouver pour les satisfaire. Je lui conseillai de cesser de la sous-estimer et de croire que son bonheur dépendait de lui. Je l'aidai à s'intéresser à elle comme à une nouvelle conquête à faire; il pourrait se dire qu'il avait tout essayé, qu'il avait été honnête jusqu'au bout s'il décidait, dans trois mois, de quitter Madeleine. Je lui demandai de lui téléphoner au moins une fois par jour pour prendre de ses nouvelles et lui demander si elle avait besoin de lui ou de quelque chose; je lui suggérai aussi de lui laisser des petits mots lorsqu'il allait à la maison et qu'il ne l'y trouvait pas.

Comme Madeleine passait de plus en plus de temps à ses cours et à la bibliothèque de l'université, il lui arriva souvent de ne pas avoir de réponse à ses appels ou de trouver la maison vide lorsqu'il venait sans prévenir, ainsi qu'il en avait pris l'habitude. Madeleine l'appelait même pour lui dire qu'elle ne souperait pas à la maison au cas où il devait passer. Il sentait que Madeleine lui échappait, qu'il perdait le contrôle émotionnel qu'il avait toujours eu sur elle, depuis le tout début de leur relation.

Comme, en plus, je m'occupais davantage de Madeleine que de lui, il paniqua et se sentit délaissé. Le fait de voir Madeleine s'épanouir en dehors de lui le soulagea mais, en même temps, augmenta sa peur de solitude. Conséquence : ses efforts stratégiques, mais volontaires, de rapprochement se transformèrent en réelles conduites de séduction. D'un autre côté, Madeleine prit conscience que plus elle s'occupait d'elle-même et cessait d'attendre le bon vouloir de Georges, plus Georges s'intéressait à elle. Plus elle disait non, plus Georges revenait à la charge. L'équilibre était rétabli : Madeleine se sentait aimée et Georges n'étouffait plus, au contraire.

Les dernières entrevues que j'eus avec ce couple consistèrent à leur expliquer que ce qui s'était passé entre eux non seulement arrivait à la très grande majorité des couples, mais aussi qu'ils avaient tous deux un certain pouvoir et certaines stratégies à développer pour éviter que s'installe à nouveau la relation dominant-dominé. Je leur suggérai fortement de lire le livre de Delis et Phillips, *Le paradoxe de la passion*, pour compléter la thérapie. J'estime que ce livre devrait être lu par tous les couples qui veulent non seulement survivre, mais être heureux.

Réflexions

Je fronce les sourcils, il m'aime malgré tout…
Je le maudis, et lui me bénit en retour…
Plus je lui dis ma haine et plus il me poursuit…

William Shakespeare

Je suis le plus grand séducteur du monde. Je n'ai que vingt-et-un an et j'ai déjà couché avec plus de mille femmes.

Tiré du film *Don Juan de Marco*

Rares sont ceux qui n'ont pas connu cette sensation étrange et déroutante d'être convoité par quelqu'un qu'on n'aime pas vraiment. C'est à la fois flatteur et frustrant, agréable et épuisant.

Dean Delis

Et puis, un jour, l'inconcevable arrive. Vous êtes en train de prendre votre petit déjeuner, et tu as un peu la gueule de bois ; tu regardes ton bien-aimé, ton admirable bien-aimé, et le bien-aimé en question ouvre sa jolie bouche en bouton de rose, découvre ses jolies dents pour dire une connerie. Ton corps se glace sur-le-champ, ta température tombe d'un coup, le bien-aimé n'avait jamais dit une bêtise jusque-là ! Tu lui demandes de répéter. Et il dit : « Il pleut ».

Marilyn French, *Toilettes pour femmes*

9

Trois reproches que les hommes font aux femmes

Les femmes critiquent tout le temps

La plupart des hommes que j'ai rencontrés en thérapie, et dans la vie en général, ont vraiment l'impression que leurs femmes « chialent » tout le temps : elles ont toujours quelque chose à redire, ne sont jamais contentes et en veulent toujours plus. Ce qui amène les hommes à ne pas savoir comment les prendre ; ils ont l'impression de tout faire pour elles afin de les rendre heureuses, mais non, il y a toujours quelque chose qui cloche : un grain de poussière oublié dans un coin, une assiette mal lavée, pas assez de tendresse ou l'envie d'une maison de rêve avec vue sur le fleuve (pourtant, celle qu'ils ont vaut 125 000 $).

Cette impression vient, entre autres, du fait que les hommes et les femmes n'utilisent pas le langage de la même façon. Alors que l'homme utilise la parole pour obtenir ou donner de l'information utile, la femme, elle, utilise la parole pour exprimer ses émotions et communiquer avec l'autre.

Par exemple, l'homme utilise le téléphone pour savoir quelque chose et raccroche dès qu'il a obtenu l'information désirée ; la femme n'a même pas besoin de prétexte pour appeler quelqu'un et lui parler d'elle pendant de très longues minutes et prendre un maximun de nouvelles sur la vie de l'autre.

De plus, pour l'homme, l'émotion est la plupart du temps perçue comme la conséquence d'un problème non résolu. Il s'imagine alors que si la femme exprime ses émotions, c'est parce qu'elle a un problème, qu'elle n'a pas trouvé de solution à ce problème et, qu'évidemment, c'est lui la cause du problème puisqu'elle lui en parle. Il adopte alors une attitude défensive et se demande : « Qu'est-ce que j'ai encore fait ? » au lieu de tout simplement écouter l'expression émotive de sa partenaire.

En fait, la femme ne critique pas, elle exprime ses états d'âme et elle les exprime pour être en contact, en contact avec vous si c'est à vous qu'elle s'adresse. Ce qu'elle veut, c'est que vous l'écoutiez et que vous ne cherchiez surtout pas à lui donner des solutions ; elle déteste quand vous essayez de la « raisonner ». Si elle vous parle de la maison de ses rêves avec vue sur le fleuve, elle ne veut pas que vous vous mettiez à travailler deux fois plus fort pour pouvoir l'acheter, elle veut partager avec vous le plaisir de cette fantaisie. Si elle vous parle de la poussière ou de la saleté que vous avez oubliée, ce n'est pas nécessairement pour vous prendre en faute, c'est pour vous exprimer son grand désir de perfection.

Et, si elle critique vraiment et souvent, dites-vous qu'elle a peut-être raison, plutôt que d'essayer de vous justifier. Asseyez-vous avec elle, abaissez vos défenses et écoutez-la, même si vous n'êtes pas d'accord avec ce qu'elle vous dit ou si vous ne comprenez pas tout ce qu'elle veut vous dire.

Écoutez-la vraiment, ne rétorquez pas. L'écoute est plus importante que la compréhension. Essayez, vous m'en donnerez des nouvelles. Une femme écoutée et entendue se sent comprise et devient réceptive à votre façon physique de lui prouver que vous l'aimez.

La fréquence des rapports sexuels

Un autre reproche concerne la fréquence des rapports sexuels. La libido de l'homme est, en moyenne, une fois et demie à trois fois plus forte que celle de la femme, dépendant de l'âge des deux partenaires (voir le chapitre 18 : L'influence de l'âge sur la sexualité). Ce qui amène l'homme à avoir l'impression que la femme ne veut jamais faire l'amour ou qu'il lui impose une corvée à chaque fois. Et la femme utilise la fameuse migraine stratégique ou l'absence de tendresse pour se refuser à son partenaire alors qu'il lui demande de manger deux fois plus que son appétit ne le lui permet. Il ne faut donc pas s'étonner de la fréquence élevée de perte de libido chez la femme : la principale raison est que le couple applique la manière masculine de faire l'amour, ce qui fait l'affaire de l'homme, pas nécessairement celle de la femme.

Évidemment, là aussi, l'homme et la femme ne vivent pas leur sexualité de la même façon. L'homme est d'abord et avant tout un être physique et rationnel ; la femme un être émotif et spirituel. Même si les féministes ne sont pas d'accord, le test de la réalité le démontre. L'homme exprime son amour par son désir sexuel (physique) et vit le refus sexuel comme le refus de son amour.

La femme voudrait, quant à elle, ressentir d'abord émotivement l'intensité de l'amour de son partenaire avant d'en arriver à la relation physique. Et, pour elle, l'émotion s'exprime en mots, verbalement. C'est ce qu'elle veut dire quand elle demande à son partenaire d'être plus senti… mental, c'est-à-dire de lui exprimer en mots ce qu'il ressent pour elle, non seulement physiquement mais surtout émotivement.

La prochaine fois, messieurs, que votre femme vous dira qu'il n'y a pas assez de tendresse dans vos relations, demandez-lui, au lieu de prendre cette remarque comme un reproche et de vous fâcher, ce qu'elle entend par tendresse. Demandez-lui aussi de vous donner des exemples concrets et physiques de tendresse. Cela pourrait donner lieu à une discussion fort intéressante si vous restez réceptif et ne vous sentez pas attaqués dans votre virilité.

La difficulté orgasmique
Un dernier reproche a trait à la vitesse d'excitation génitale féminine : l'homme l'exprime en disant de sa partenaire qu'elle « n'aboutit pas » ou que c'est long avant qu'elle arrive à l'orgasme. Souvent, la femme ressent l'impatience de l'homme et réagit émotivement, ralentissant ainsi la montée de son excitation.

Ce qu'il faut savoir ici, c'est que l'orgasme de la femme, contrairement à celui de l'homme, n'est pas inné, car son orgasme n'est pas nécessaire à la reproduction. La femme doit donc apprendre à orgasmer. Sa réactivité génitale ne peut se développer qu'à partir de l'accumulation d'expériences sensuelles et sexuelles agréables. Cet apprentissage n'atteint son apogée qu'entre 30 et 45 ans[1]. Toute expérience sexuelle traumatisante durant l'enfance, l'adolescence ou l'âge adulte, toute émotion négative contrecarre cet apprentissage. Une femme qui vient d'avoir un différend non résolu avec son mari ne sera certes pas disponible aux ébats sexuels et ne pourra pas se laisser aller à l'orgasme alors que son partenaire, au contraire, utilisera la relation sexuelle pour mettre fin au différend et exprimer à sa partenaire que, pour lui, tout est réglé puisqu'il a pu se rapprocher physiquement d'elle. Quel paradoxe !

Contrairement à l'homme, la principale source physique de stimulation génitale de la femme n'est pas le frottement, mais la vibration, d'où la popularité des vibromasseurs et de la douche téléphone. De plus, la majorité des femmes n'orgasment pas par la pénétration, mais par une stimulation directe ou indirecte du clitoris.

---

1. C'est peut-être ce qui fait dire à Jean-Pierre Ferland que « C'est à 30 ans que les femmes sont belles ».

Réflexions

Les femmes ont tendance à être mises en état de stress par la coloration émotive de leur vie ; ce ne sont pas les problèmes matériels mais les problèmes de relations individuelles et de communication qui les font réagir.

Durden-Smith et Desimone, *Le sexe et le cerveau*

Votre femme peste devant son miroir : «Il me semble que j'ai engraissé.» Que dire ? Si vous l'assurez que non, elle vous traite de myope. Si vous reconnaissez le fait avec elle et ajoutez que vous ne détestez pas les filles voluptueuses, elle vous fout sa robe à la figure et vous dit, furax : «Je savais que tu me trouvais grosse» ou «Ça vaut bien la peine de se priver pour rester mince» ou «C'est ça, va reluquer la voisine, elle est pleine de bourrelets, mais elle est forte de poitrine, elle...» C'est ce que j'appelle le monde du paradoxe femelle. Jean-François Belisle, journaliste

Nous nous battons et nous nous aimons ; nous nous querellons et nous nous aimons encore. C'est notre façon de vivre.

Nisa

J'ai toujours eu la prétention de dire que je ne suis pas là pour creuser le fossé entre les hommes et les femmes mais bien pour le remplir... pour faire une société meilleure.

Lise Payette, auteure

Chapitre

10

Trois reproches que la femme fait à l'homme

Voici les trois principaux reproches que j'ai entendus de la part des femmes en thérapie et dans la vie en général ;

« Mon mari, il ne parle pas, il ne pense rien qu'au sexe et, en plus, il éjacule trop vite. J'ai beau essayer de savoir ce qu'il pense, ce qu'il ressent… j'ai toujours l'impression de le déranger. Et, sexuellement, c'est un égoïste, il ne pense qu'à lui. »

Les hommes ne parlent pas
Les études ont effectivement démontré qu'une fois la romance passée, l'homme avait tendance à moins parler dans l'intimité, comme si sa partenaire faisait maintenant partie de lui et qu'il lui était moins nécessaire d'échanger verbalement avec elle. Comme la parole constitue pour la femme un moyen d'être en contact avec l'autre, elle interprète, faussement peut-être mais elle interprète quand même, ce silence comme un désintérêt de son partenaire.

En fait, comparé à la femme, l'homme peut être considéré un « handicapé verbal ». Plusieurs études neuropsychologiques

93

récentes ont démontré que le centre de la parole chez la femme est beaucoup plus développé et mieux réparti dans son cerveau que chez l'homme. On sait aussi qu'il y a dix fois plus de garçons dyslexiques et quatre fois plus de garçons autistiques que de filles ; qu'il y a cinq garçons bègues et cinq garçons aphasiques pour une fille ; qu'aux tests d'intelligence, les femmes obtiennent des résultats supérieurs dans presque toutes les activités qui requièrent l'usage des mots. Toutes les mères savent, qu'au même âge, les petites filles ont un vocabulaire plus étendu que les garçons et que leur diction est meilleure que la leur...

Ce n'est donc pas parce que votre partenaire ne vous aime plus, qu'il le fait exprès ou qu'il est de mauvaise foi, s'il parle moins ; mais plutôt parce qu'il est neurologiquement désavantagé par rapport à vous. Pendant des millions d'années, la survie de l'homme dépendait de ses qualités de chasseur. Or, à la chasse, on ne parle pas.

Si vous voulez que votre partenaire vous parle davantage, posez-lui des questions sur des sujets précis et, surtout, ne l'interrompez pas lorsqu'il tente de s'exprimer. La pire chose à dire à un homme, c'est « Parle-moi » ; il vous répondra toujours « De quoi veux-tu que je te parle ? » ou encore « Qu'est-ce que j'ai encore fait ? »

Il vous faut aussi prendre conscience, mesdames, que le besoin de communication verbale à couleur émotive est un besoin féminin. La majorité des hommes n'éprouve pas, comme vous, le besoin de révéler verbalement tout ce qu'ils pensent, vivent ou ressentent ; du moins, ce besoin n'est pas aussi intense que le vôtre. Vous pouvez toujours harceler votre partenaire, mais vous ne provoquerez que son repli et sa fuite dans sa caverne. Vous pouvez, par contre, développer certaines stratégies et suivre certaines règles[1] qui vous permettront de mieux satisfaire **votre** besoin de communication verbale.

Ils pensent toujours à «ça»

Il est vrai que l'homme pense au sexe plus souvent que la femme, en général. Une étude[2] faite en 1994 par l'Université de Chicago pour *Sex in America* démontra que 54 % des hommes pensaient au sexe une à plusieurs fois par jour comparativement à 66 % des femmes qui y pensaient quelques fois seulement par mois ou tout au plus quelques fois par semaine. La même enquête révéla que seulement 15 % des hommes disaient avoir perdu leur intérêt sexuel au cours des douze derniers mois comparativement à 33 % des femmes.

Cette différence est essentiellement due au fait que les hommes ont un taux de testostérone de dix à vingt fois plus élevé que les femmes. Vous pouvez toujours vérifier auprès du Dr Patricia Love[3], Ed. D., thérapeute conjugale et auteure de *Hot Monogamy*, qui prit, à titre d'expérience, des suppléments de testostérone pendant trois mois sous la supervision de son médecin :

> «Je pensais continuellement au sexe. Je devenais facilement excitée et j'orgasmais sans aucune difficulté. Je voulais avoir du sexe. J'ai cessé le traitement, car je ne voulais ni poil au menton, ni acné, mais mon sexomètre retomba presqu'à zéro».

Heureusement que l'homme pense au sexe et que sa nature (comme celle de la majorité des mâles de toutes les espèces animales) le pousse à y penser, sinon qu'en adviendrait-il de la survie de l'espèce ? N'oubliez pas que le but premier de la sexualité est la reproduction. La bisexualité mâle-femelle constitue une stratégie développée par notre espèce pour augmenter ses chances de survie ; la plus forte libido de l'homme en constitue une autre. Donc, l'homme pense et passe à l'action sexuelle tandis que la femme se préoccupe davantage du contexte amoureux dans lequel se fera cette action sexuelle. Nous sommes différents, il est vrai, mais ces différences devraient être perçues comme sources de complémentarités et non comme sources de conflits.

L'éjaculation précoce

La tendance de l'homme à éjaculer rapidement constitue aussi une stratégie de l'espèce humaine pour assurer sa survie. À quelques exceptions près (la race canine entre autres), tous les mâles de toutes les espèces animales éjaculent dès l'intromission ou dans les secondes suivant la pénétration. Il existe même des espèces animales où l'on parle plutôt d'apposition génitale que de coït : c'est vous dire la rapidité d'exécution.

L'une des plus grandes sources de plaisir sexuel de l'homme réside justement dans la pénétration ; il n'est donc pas étonnant que la sexualité de l'homme soit plus axée sur sa génitalité. Accuser l'homme d'être un éjaculateur précoce ne change rien à la situation ; on pourrait tout aussi bien accuser la femme d'avoir des orgasmes retardés. On ne serait pas plus avancé !

• • • • •

Toutefois, ce n'est pas parce que ces trois tendances sont « naturelles » que l'homme doit continuer à agir de telle sorte et à se les faire reprocher par sa partenaire. Chaque homme peut apprendre à communiquer davantage avec sa partenaire, ou du moins apprendre à mieux l'écouter. Tout comme il peut, s'il accepte ses tendances naturelles et que sa femme le supporte au lieu de le critiquer, apprendre relativement facilement à mieux gérer son excitation sexuelle génitale et à se préoccuper davantage du contexte amoureux.

1. Dallaire, Yvon, *Chéri, Parle-moi... Dix règles pour faire parler un homme*, Éd. Option Santé, Québec, 1997, 144 p.
2. Bechtel, Stefan et Laurence Roy Stains, *Sex, A Man's Guide*, Men's Health Books, Rodale Press, Pennsylvania, 1996, p. 61.
3. Ibidem, p. 62.

Réflexions

Il se peut que les hommes soient doublement désavantagés sur le plan de leur vie émotive. Leurs émotions seront moins complexes et, en raison de la difficulté de communication qui existe entre leurs deux hémisphères, l'accès verbal à leur vie émotive sera plus restreint.

Jerre Levy, Western Ontario University

Les hommes sont probablement à l'heure actuelle le seul groupe contre lequel on peut déblatérer en public sans que personne n'élève trop d'objections.

Dr Herb Goldberg, *Être homme*

La femme voudrait que l'homme soit rose pour le partage des tâches, homosexuel pour pouvoir se confier, macho au lit, et riche (et plus âgé qu'elle) pour assurer sa sécurité.

Anonyme

Tout se passe comme si l'Occident était porteur d'un gène défectueux, responsable du préjugé que la domination de l'homme sur la femme est universelle et transmissible de génération en génération.

Helen Fisher, *Histoire naturelle de l'amour*

La femme plie, l'homme casse.   Dr Herb Goldberg

Chapitre

11

Vacances et couples

«Nous sommes mariés depuis quinze ans. Au début de notre mariage, nous étions très près l'un de l'autre et nous faisions l'amour plusieurs fois par semaine. Avec l'arrivée de nos trois enfants, nous nous sommes quelque peu éloignés et la fréquence de nos relations sexuelles a grandement diminué. Aujourd'hui, nous avons rarement l'occasion de nous retrouver ensemble et nous ne faisons l'amour qu'une ou deux fois par mois. Pourtant, nous nous aimons et nous sommes toujours heureux ; nous avons eu la famille et la situation que nous voulions. Que pouvons-nous faire pour retrouver notre désir d'antan ? J'ai peur de devenir un «vieux couple».

La question de cette dame illustre la réalité de tous les couples. Passion au début, puis c'est l'arrivée des enfants ; les responsabilités augmentent, la routine s'installe et les deux amants d'hier se perdent tranquillement de vue. Oh ! Ils essaient bien de s'octroyer des moments privilégiés, mais ils sont souvent trop fatigués pour vraiment en profiter.

Comme exposé au chapitre 5, la passion fusionnelle fait lentement place à l'amour tranquille. La fréquence sexuelle, qui n'est pas nécessairement reliée à l'intensité de l'amour mais plutôt à la passion, diminue progressivement avec le temps, ce qui est tout à fait normal. Mais il est aussi normal, comme le laisse entendre la question de cette dame, de vouloir raviver le désir amoureux et sexuel, d'entretenir une certaine passion dans le couple. Il n'y a évidemment pas de réponse miraculeuse à la question, mais plusieurs moyens peuvent être utilisés pour se retrouver et rallumer la flamme amoureuse.

Vacances en amoureux
Aux couples qui viennent me consulter pour une baisse de libido, je demande toujours :

> «À quand remonte la dernière fois où vous avez pris des vacances sans la présence des enfants ? À quand remonte la dernière fois où vous êtes partis en amants pour au moins une semaine, de préférence deux[1] ? Depuis quand ne vous êtes vous pas retrouvés tous les deux seuls, sans préoccupations quotidiennes, familiales ou professionnelles ?»

Presque à chaque fois, j'obtiens la même réponse :

> «Depuis que nous avons les enfants, nous avons toujours pris nos vacances pour nous retrouver en famille.»

Je connais des couples qui n'ont pas pris de vacances en amoureux depuis plus de quinze ans, même pas une seule fin de semaine de deux ou trois jours. Leur rôle parental a pris toute la place. Pas surprenant que tant de couples divorcent, une fois le dernier enfant parti.

Il est vrai que les enfants sont le fruit de notre amour et que l'on doit s'en occuper et même s'en préoccuper. Mais il est aussi vrai qu'un parent fatigué risque plus d'être répressif et de perdre patience. Les enfants ont donc avantage à ce que leurs parents aillent se reposer et recharger leurs batteries. Trouvez-leur donc un(e) gardien(ne) et disparaissez de la circulation. Ils seront probablement très contents de vous revoir dans quinze jours. Cessez d'entretenir une culpabilité mal placée. La principale raison pour laquelle un couple se marie, c'est parce que les deux ont voulu se retrouver ensemble plus souvent. Pourquoi perdre cet objectif de vue dès que les enfants font leur apparition ?

Si on n'accorde pas à notre couple des moments de liberté, des moments où l'on peut retrouver les amants que nous étions, il est évident que la libido risque de diminuer, et parfois de façon dramatique. Donc, prendre une ou deux semaines par année pour partir dans le sud, pour partir en croisière, ou tout simplement pour se retrouver à l'hôtel loin des tâches quotidiennes est, à mon avis, essentiel pour assurer la survie du désir sexuel et amoureux du couple. À éviter : les vacances pour faire le tour de la parenté ou partir avec un couple d'amis.

Je connais plusieurs couples qui, après quelques jours de repos sur une plage ensoleillée et d'absence de responsabilités familiales et professionnelles, ont senti leur libido revenir ainsi que leur désir de l'autre. Ces couples reviennent bras dessus, bras dessous. Il n'est évidemment pas question ici de « bringue » à Acapulco, mais plutôt de vacances plus que tranquilles axées sur le sommeil, le repos, la lecture, la baignade, les bons petits repas, les excursions pédestres ou autres (pour stimuler la production d'adrénaline), le grand air, le silence… Il se peut que les deux ou trois premiers jours puissent être difficiles (stress accumulé, rancune réciproque, récriminations, culpabilité parentale…), mais, après quelques

jours de repos, vous retrouverez les deux enfants qui som-
meillent en vous et qui ont le goût de s'amuser et de s'aimer.

Vacances en solitaire

Je pose aussi une autre question aux couples qui viennent me
voir pour une baisse de libido :

« Depuis combien de temps n'avez-vous pas pris de
vacances, seul, sans votre partenaire, pour vous retrouver
avec vous-même ? »

Là aussi, la réponse est presque toujours la même :

« Pas question de prendre des vacances seul, je suis
marié ! Qu'est-ce que les gens penseraient ! De toute façon,
mon partenaire ne me laisserait jamais partir. »

Et je sens bien la réticence de plusieurs couples à cette idée
de prendre des vacances sans l'autre, en solitaire.

Or, dans l'amour et la sexualité, existe une dimension qui
s'appelle **désir**, comme nous l'avons vu dans la description
du paradoxe de la passion. Et, vous le savez, on désire ce que
l'on n'a pas, pas ce que l'on possède. La présence quotidienne, hebdomadaire, annuelle de l'être aimé porte en soi
le germe de la destruction du désir de l'autre[2]. La satisfaction du désir tue le désir. Le couple doit donc apprendre à
entretenir ce désir.

Et une bonne façon d'entretenir ce désir, c'est de prendre
une certaine distance vis-à-vis de l'autre, comme partir en
vacances pour une ou deux semaines. Non pas pour revivre
sa jeunesse et vivre des aventures, mais plutôt pour :

1. faire un bilan personnel, savoir où j'en suis dans ma vie en m'éloignant de ma vie quotidienne ;

2. faire un bilan de ma vie à deux : est-ce que l'absence de mon partenaire stimule mon désir de le retrouver ? est-ce que je m'ennuie, émotivement et physiquement, de l'autre ?

Évidemment, si vous vous rendez compte que vous êtes mieux seul ou si vous vous surprenez à vouloir vivre des aventures ou des histoires d'amour avec toutes les personnes seules que vous rencontrez, la conclusion sera très différente ; vous pourriez découvrir que l'absence de votre partenaire ne provoque aucun manque et qu'au contraire, vous vous sentez beaucoup mieux seul. La peur de cette conclusion explique probablement la réticence de plusieurs couples devant la possibilité de prendre des vacances en solitaire : ils ont peur de se rendre compte qu'ils ne s'aiment plus.

Mais, généralement, du moins pour les couples en thérapie qui ont pu prendre ce genre de vacances, plusieurs ont senti le vide causé par l'absence de leur partenaire et les quelques nuits qui ont suivi le retour de vacances ont été très chaudes. Ils ont aussi pris conscience qu'ils tenaient réellement l'un à l'autre et ont pu, par la suite, utiliser ces deux stratégies de vacances pour entretenir leur désir réciproque.

Au début, lorsque Masters et Johnson ont développé leur thérapie sexuelle, ils exigeaient que les couples prennent des vacances en même temps qu'ils suivaient leur thérapie sexuelle intensive, ce qui augmentait l'efficacité de la thérapie. N'attendez pas d'avoir besoin de thérapie pour vous retrouver seul à seule, ou seul(e).

1. Les spécialistes en relaxation psycho-corporelle affirment que notre corps peut prendre jusqu'à dix jours de repos total pour se débarrasser d'un stress accumulé depuis des années. Vous pouvez facilement vérifier cette assertion la prochaine fois que vous prendrez deux semaines de vacances : lors de votre deuxième semaine, votre feeling corporel n'est plus le même, vous suivez davantage votre rythme circadien, vous vous endormez plus facilement et dormez plus profondément, vos tensions musculaires s'amenuisent, votre notion du temps change et votre libido augmente, surtout si vous vous retrouvez au soleil.

2. Et si, en plus, les deux conjoints travaillent ensemble, il est impossible d'éviter les confrontations, d'où une plus grande nécessité de prendre des vacances en solitaire.

104

Réflexions

Selon une très sérieuse étude réalisée par quatre grandes universités américaines, l'homme a une pensée sexuelle toutes les dix-sept secondes... À vrai dire, il est à se demander à quoi il peut bien penser les seize autres secondes ?

Anonyme

SEX. Never repress it ! Never be against it. Rather, go deep into it with great clarity, with great love. Go like an explorer. Search all the nooks and corners of your sexuality, and you will be surprised and enriched and benefited. Knowing your sexuality, one day you will stumble upon your spirituality. Then you will become free. The future will have a totally different vision of sex. It will be more fun, more joy, more friendship, more a play than a serious affair, as it has been in the past. Sex is just the beginning, not the end. But if you miss the beginning, you will miss the end also.

Bhagwan Shree Rajneesh

On ne devrait pas se marier pour le seul plaisir d'être malheureux jusqu'à la fin de nos jours.   Proverbe Micmac

Seulement 3 % de tous les mammifères cultivent des relations au long cours avec un conjoint unique.

Helen Fisher, *Histoire naturelle de l'amour*

3 Troisième partie

La vie
sexuelle

Chapitre

12

Sexe = Amour = Mariage = Reproduction ?

La sexualité est un domaine où les croyances ont la vie dure. Les cinquante ans et plus se rappelleront certainement qu'on nous a présenté la sexualité comme étant la cause de tous les maux, comme étant l'autoroute directe pour aller en enfer. Et pour nous faire peur, on nous présentait des portraits de l'enfer où, nus, hommes et femmes brûlaient sous la morsure du feu et les coups de trident des démons. Aujourd'hui, on ne parle plus de cet enfer, mais lorsqu'on entend parler de sexualité, on ne nous présente souvent que le côté négatif de celle-ci : sida, M.T.S., inceste, harcèlement sexuel, viol, pédophilie, pornographie… N'est-ce pas là une autre vision de l'enfer ?

Un de mes étudiants au Cegep à qui j'avais demandé ce qu'il avait appris au secondaire sur la sexualité me répondit que trois personnes étaient venues en parler à l'intérieur d'un cours de formation personnelle et sociale :

« Une infirmière nous a dit ce qu'il ne fallait pas faire ; puis, un prêtre est venu nous dire pourquoi il ne fallait pas le faire ; finalement, un médecin est venu nous dire ce que allions attraper si on le faisait ».

Très révélateur, n'est-ce pas ? Et là, je vous parle d'un étudiant de vingt ans du début des années 80, période supposée de très grande liberté sexuelle. En fait, selon les anthropologues, l'attitude des Québécois face à la sexualité est caractérisée de semi-répressive ou semi-permissive, ce qui est tout de même une amélioration sur l'attitude répressive des années 50, moment où le clergé dominait la société québécoise et ses institutions. Il nous reste toutefois du chemin à parcourir pour développer une réelle attitude positive face à la sexualité.

La tradition judéo-chrétienne

Cette perception négative de la sexualité découle d'une attitude inconsciente véhiculée par notre tradition judéo-chrétienne. Cette croyance millénaire dit que la sexualité (sexe) ne peut s'exprimer que dans un contexte amoureux (amour) sanctionné par les liens sacrés du mariage (mariage) et que toute relation sexuelle doit être pratiquée en vue de la procréation (enfant). Cette conviction a été récemment reconfirmée par le pape de l'Église catholique qui s'oppose à toute contraception qui ne serait pas « naturelle », ce qui ne laisse quel'abstinence. Nous obtenons donc l'équation suivante :

$$Sexe = Amour = Mariage = Reproduction$$

Heureusement ou malheureusement, cette équation subit des attaques de toutes parts. Beaucoup d'individus acceptent de vivre leur sexualité avec une ou plusieurs personnes même s'ils ne sont pas en amour avec elle(s). Le simple désir physique et l'attraction mutuelle suffisent. L'amour dit libre a atteint son apogée au cours des années 65-85[1] après la découverte de la pilule.

Considéré comme prérequis à l'exercice de la sexualité et indissoluble, le mariage a, particulièrement au Québec, perdu ses lettres de noblesse : plus d'un couple sur trois s'« accote » et retarde leur mariage à l'arrivée du premier enfant. Plusieurs personnes séparées ou divorcées vivent des mariages dits « open » : le phénomène des familles monoparentales a considérablement augmenté depuis 1980. Certains états acceptent maintenant les mariages renouvelables aux trois ans ou aux cinq ans, comme un bail. Les mariages à l'essai sont de plus en plus populaires. On se marie et on se « démarie » de plus en plus facilement, du moins juridiquement, car émotivement, c'est une toute autre question.

L'objectif premier de la sexualité au niveau individuel n'est plus la reproduction, même si, à l'échelle de l'espèce humaine, la reproduction sera toujours le but ultime de la sexualité. L'enfant n'est plus la seule raison de l'exercice de la sexualité. On fait de plus en plus l'amour par amour, pour le plaisir de la chose, pour se rendre service, pour vivre une expérience, par reconnaissance, pour se détendre, par habitude, pour se prouver quelque chose, par peur de perdre l'autre, par obligation, pour communiquer, par passion, pour de l'argent…

Sexualité égale génitalité
Mais, malgré tous ces changements d'attitude et ces nouveaux comportements, cette équation judéo-chrétienne continue de nous influencer plus ou moins inconsciemment…

• lorsque nous limitons la sexualité à sa plus simple expression et que, pour nous, sexualité = pénétration = orgasme (du moins celui de l'homme)…

- lorsque nous trouvons suspecte toute autre expression sexuelle telle que la masturbation solitaire, la masturbation réciproque, les orgasmes par contacts oraux-génitaux…

- lorsque nous avons l'impression de ne pas avoir eu de relation sexuelle complète s'il n'y a pas eu pénétration et orgasme…

- lorsque nous refusons tout jeu sexuel parce que la femme est menstruée…

- lorsque les jeunes gens et jeunes filles, encore de nos jours, pensent qu'ils sont demeurés vierges s'il n'y a pas eu de pénétration, même s'ils ont à peu près tout fait (masturbation réciproque comprise)…

- lorsque les hommes deviennent impuissants parce qu'ils sont obsédés par l'érection et la pénétration…

- lorsque nous estimons qu'il n'y a pas eu de réelle infidélité s'il n'y a pas eu de pénétration, comme si la pénétration aggravait la situation de flirt…

- lorsque les femmes refusent les attentions physiques de leur mari parce qu'elles croient (souvent avec raison) que l'homme veut en venir à la pénétration…

- lorsque les films dits pornos consacrent la majeure partie de leurs images à la pénétration.

Lorsqu'on limite la sexualité à la pénétration ou à la génitalité, on confirme inconsciemment une partie de l'équation judéo-chrétienne, soit que sexualité égale reproduction.

La sexualité, telle que décrite au chapitre deux, est beaucoup plus large que la génitalité. La sexualité égale aussi plaisir, partage de sensations, expériences, fusion de sentiments... Oui, la génitalité peut être perçue comme une finalité, mais ce n'est pas tout; la sexualité, c'est aussi la sensualité et la sensualité peut exister en dehors de la pénétration.

1. Le sida, bien qu'existant depuis toujours, s'est développé durant cette période de grande liberté sexuelle et n'a été relié à la sexualité qu'en 1981. C'est comme si la vie se défendait de la promiscuité sexuelle. Ce virus nous oblige, sinon à une remise en question, du moins à une plus grande protection.

Réflexions

Pourquoi portons-nous les stigmates du sexe ?
Pourquoi sommes-nous inachevés,
Incapables de nous suffire à nous-mêmes,
Comme nous l'étions au commencement,
Comme Il l'était au commencement,
Si parfaitement Seul ?
D. H. Lawrence

Il est plus facile pour l'homme de briser un atome que de briser un préjugé.
Albert Einstein

Le coeur de l'Homme a été inventé pour concilier les contraires.
David Hume

L'homme darwinien, même très civilisé,
N'est jamais qu'un singe bien rasé.
W.S. Gilbert

Pour être heureux en mariage, il ne suffit pas de se marier avec l'homme ou la femme qu'on aime, mais d'aimer l'homme ou la femme avec qui nous nous sommes mariés !
Vieil adage populaire

Ève : Chéri, est-ce que tu m'aimes ?
Adam: Est-ce que j'ai le choix ?
Réflexion talmudique

Chapitre

13

Sexe : fille ou garçon

S'épanouir sexuellement en couple n'est pas chose facile. Ce n'est pas facile parce que la perception de la sexualité n'est pas la même chez l'homme et chez la femme. Au début de la vie amoureuse, l'homme et la femme sont aux antipodes : l'homme met habituellement l'accent sur l'aspect génital et physique de la sexualité alors que la femme réagit beaucoup plus au contexte amoureux et sensuel de la sexualité. En vieillissant, la distance entre les deux diminue. Mais, fondamentalement, cette polarisation physique/émotif fait partie de notre réalité conjugale et se manifeste dans beaucoup d'autres aspects de la vie du couple.

Caractéristiques sexuelles fondamentales

En fait, lorsqu'on y regarde de plus près, nos sexualités sont plus complémentaires qu'opposées et si chacun et chacune voulaient s'en donner la peine, il et elle apprendraient beaucoup de la sexualité de l'autre, à la condition de ne pas l'accuser de ne penser qu'à ça ou d'être frigide.

Voici un petit tableau illustrant les caractéristiques fondamentales de la sexualité féminine et masculine :

115

Homme	vs	Femme
Visuel	vs	Séductrice
Génital	vs	Sensuelle
Intrusif	vs	Réceptive
Intense	vs	Globale
Rapide	vs	Retenue

Tableau 4 : Caractéristiques sexuelles selon le sexe

Nos sexualités sont comme les deux côtés, disons, d'une pièce de 1 $: vous pouvez préférer le huard à l'effigie de la reine, mais les deux sont nécessaires pour former le dollar et, en ce sens, ont une valeur égale. La sexualité féminine est différente de celle de l'homme, mais les deux sont nécessaires à la fonction sexuelle du couple. Évidemment, ces caractéristiques, quoique souvent opposées, sont tout à fait légitimes.

Les hommes possèdent un érotisme visuel et c'est pour cela qu'ils adorent regarder déambuler les femmes et les déshabiller du regard ; aucun homme honnête ne peut prétendre le contraire, à moins d'avoir une libido très faible ou d'être homosexuel. Le fait d'être homosexuel n'empêche pas ces hommes d'être visuels : allez dans les sex-shops du quartier gai de n'importe quelle grande ville et vous y retrouverez autant de films et de revues érotiques, sinon plus, que dans les boutiques érotiques hétérosexuelles. D'ailleurs, la revue PlayGirl, disponible dans toutes les bonnes tabagies, est achetée par les gais et non par les femmes.

Les femmes préfèrent attirer le regard et sont, en général, peu stimulées par la nudité ; leur érotisme se situe au niveau de la séduction. Visitez n'importe quel centre d'achats et qu'y trouvez-vous en quantité ? La plus grande superficie de ces centres s'adresse aux femmes : vêtements, chaussures, coiffure, lingerie fine, cosmétiques... Les défilés de mode s'adressent aux femmes. Tout pour être belle, sexy et séduire le regard des hommes. Quelle femme, après avoir passé une heure devant son miroir, sera heureuse devant l'absence de réaction de son partenaire ?

Les hommes s'abonnent à PlayBoy, Penthouse et louent des vidéos dits (par les femmes) pornos. Les femmes s'abonnent à Elle et autres revues de mode à la recherche d'artifices pour se faire belles (pour leur propre plaisir, évidemment). Les hommes sont voyeurs ; les femmes, exhibitionnistes[1]. À l'adolescence, pendant que le garçon se masturbe en regardant la page centrale de Playboy, la jeune fille se « masturbe » la tête (maquillage, crêpage...) en pensant aux réactions qu'elle pourrait provoquer. Quelle complémentarité !

Dès qu'un homme est stimulé érotiquement à la vue d'une belle femme, ou par une pensée libertine, des picotements se font sentir dans ses organes génitaux et, surtout s'il est jeune, il vient rapidement en érection. Comme ses organes génitaux sont extérieurs, ils sont donc facilement visibles et accessibles. Et si, en plus, ils gagnent du volume, il est très compréhensible que toute son attention soit attirée par son sexe. Et pour compléter le tout, ils sont hypersensibles.

Lorsqu'une femme est stimulée érotiquement, elle ressent un émoi, une émotion sensuelle qui habite tout son corps, lequel se met à vibrer. Plus elle est jeune, plus elle se met à rêver et à se nourrir de cette émotion, de cette sensualité. D'ailleurs, au début de l'adolescence, elle en reste généralement là, n'osant pas approcher l'objet de son désir qui, la

117

plupart du temps, est plus âgé et inaccessible. Tout comme l'adolescent déshabille les filles du coin de l'oeil, n'osant les regarder directement et les approcher pour les toucher.

Dès que ses organes génitaux sont gonflés, l'homme se laisse diriger par son pénis et il devient intrusif : il veut pénétrer la femme qu'il désire. Sauf exceptions malheureuses, il n'ira pas jusqu'à la violer, mais il adoptera un ensemble de comportements, là aussi intrusifs, pour aborder la femme en question et laisser vagabonder ses mains. Il n'aura de répit que lorsque la cible sera atteinte. « À pénis bandé, point de pensée ». Il ira même jusqu'à dire ou faire ce qu'il sait que sa partenaire attend de lui pour parvenir à son but : lui donner de l'affection pour avoir du sexe.

Quant à elle, elle s'organisera pour démontrer à l'objet de son désir sa réceptivité, mais elle ne le fera généralement pas de façon directe ou intrusive. Elle le laissera venir, lui facili-tera parfois la tâche mais pas trop, car elle aime se sentir désirée, et observer a tous les efforts que son prétendant pourra faire pour la conquérir. Elle aime recevoir des compliments et toutes sortes de petites marques d'attention. Par le passé, cette réceptivité a souvent été prise pour de la passivité, ce qu'elle n'est pas, comme on peut le constater dans le processus de la séduction où la femme contrôle parfaitement les quatre premières étapes (voir le chapitre 4 : La séduction).

La sexualité est, chez l'homme, si intense qu'elle l'amène à précipiter les choses, à se masturber plusieurs fois par semaine à l'adolescence, à donner à la femme l'impression tout à fait justifiée qu'il ne pense qu'à « ça », à tout focaliser sur la génitalité, à être obsédé par son orgasme et celui de sa partenaire, à avoir des éjaculations nocturnes[2]... et, malheureusement, à harceler, à se payer des prostituées, à violer et à «incester»[3]. Cette intensité l'amène à vouloir faire l'amour dès le premier soir. Cette intensité n'est toutefois pas que négative, car c'est elle qui pousse l'homme à amener la femme à avoir des rapports sexuels pour assurer la survie de l'espèce.

La sexualité de la femme est, sauf exception, loin d'être aussi intense parce que sa sexualité ne possède pas la même implication : sa sexualité est beaucoup plus globale que celle de l'homme qui peut n'investir qu'une partie de lui-même, soit ses organes génitaux, dans la relation sexuelle. La femme veut savoir avec qui elle va faire l'amour ; elle veut savoir si elle peut se fier à cet homme, car si la relation se développe, c'est tout son être qu'elle va livrer dans cette relation, pas seulement ses organes génitaux. C'est aussi tout son corps, son esprit, son coeur et son âme qu'elle investira dans la grossesse, l'accouchement et l'allaitement. Il est donc très compréhensible qu'elle soit moins portée à s'investir émotivement et sexuellement au début d'une relation, qu'elle soit davantage sur ses gardes.

La retenue constitue, pour cette raison, une caractéristique de la sexualité féminine. Rares sont les femmes qui orgasment lors des premières rencontres sexuelles ; rares sont les adolescentes qui ont orgasmé lors des premières tentatives de masturbation. Plusieurs femmes n'ont apprécié les relations sexuelles que plusieurs mois ou plusieurs années après leur première relation sexuelle. Et même après avoir appris à s'abandonner et à atteindre l'orgasme, les femmes montrent toujours cette réserve devant leur génitalité : elles va-lorisent davantage les jeux sexuels préliminaires et prennent généralement plus de temps à parvenir à l'orgasme, même si, comme l'ont démontré Masters et Johnson, elles peuvent y parvenir aussi rapidement que l'homme. Paradoxalement, la sexualité féminine ne connaît aucune limite physique contrairement à celle de l'homme où existent diverses périodes réfractaires qui en limitent l'exercice.

Dès que l'homme sent la femme réceptive, il veut aussitôt coïter, car c'est là où il ressent le plaisir le plus intense. En fait, tout le processus masculin de réactions sexuelles est un processus très rapide : il est vite excité, est prêt à faire l'amour dès le premier soir, va directement aux organes génitaux et orgasme aussi très promptement. Et, plus il est jeune, plus il peut recommencer rapidement. Ce processus est tellement vif et intense qu'il lui arrive même d'éjaculer lors d'une danse lascive ou avant même la pénétration.

Cette description des caractéristiques sexuelles des deux sexes admet évidemment des exceptions : certaines femmes ont une sexualité génitale très intense ; certains hommes ne réagissent pas sexuellement devant des inconnues ; des femmes atteignent l'orgasme précocement ; des hommes sont des « cuntteaser »[4] et ne sont intéressés que par la séduction ; des femmes sont très intrusives et font même peur à certains hommes ; certaines femmes sont très visuelles ; des hommes sont très sensuels… Mais, en dehors de ces exceptions, cette description représente bien l'homme moyen et la femme moyenne.

Connaître, accepter et revaloriser

Connaître et accepter les réalités sexuelles biologiques, comportementales et émotives est certes nécessaire pour s'épanouir sexuellement en couple, mais c'est insuffisant. Il faut aussi revaloriser nos différences sexuelles et les intégrer dans notre vie de couple, c'est-à-dire tenir compte des caractéristiques réelles de la sexualité féminine et masculine dans nos jeux sexuels. Si les hommes apprennent à exprimer leurs émotions, il faudrait peut-être que les femmes apprennent à exprimer leur génitalité. Ou bien le couple devrait apprendre à satisfaire, tour à tour, les deux membres du couple dans leurs spécificités respectives.

La pire des erreurs que l'on puisse faire est de valoriser une caractéristique, féminine ou masculine, au détriment de l'autre. Normaliser la retenue rend suspecte la rapidité ; privilégier l'intensité sexuelle ou passionnelle fait perdre de vue les avantages de la globalité. Ce comportement d'évaluation et de normalisation ne provoque que conflits et incompréhension.

---

1. L'espèce humaine est d'ailleurs une des rares espèces animales où il en est ainsi : dans la majorité des espèces animales, c'est le mâle qui possède les artifices en question.
2. Les orgasmes nocturnes sont généralement moins fréquents chez la femme.
3. Néologisme de plus en plus utilisé en sexologie.
4. L'équivalent mâle de la « cockteaser », l'agace-pissette.

Réflexions

Le mâle et la femelle sont des systèmes sexuels complémentaires qui, en vue de s'accoupler et de se reproduire avec succès, doivent avoir des comportements, des aptitudes et des stratégies différentes. Ces différences sont perpétuées dans toutes les espèces par les hormones sexuelles, bien entendu. Pierre Flor-Henry, savant canadien

La plupart des femmes perçoivent le magasinage comme une expérience de découvertes. La plupart des hommes, eux, voient le magasinage comme une corvée et non comme une aventure. Joe Tanenbaum, *Découvrir nos différences*

La femme s'exprime parfois pour s'exprimer, tandis que l'homme le fait presque toujours dans le but de résoudre un problème. Joe Tanenbaum, *Découvrir nos différences*

Pour la femme, aimer signifie exprimer son amour, en parler (réalité subjective). Pour l'homme, aimer signifie souvent être tout simplement présent, faire des gestes, faire l'amour (réalité objective).

Joe Tanenbaum, *Découvrir nos différences*

14

La différence de libido dans le couple

L'une des situations les plus souvent rencontrées dans la vie sexuelle d'un couple, c'est la différence quantitative entre la libido masculine et la libido féminine. Inventé par Sigmund Freud, le terme libido désigne l'énergie fondamentale de l'être humain qui se manifeste, entre autres, par la sexualité. Pour lui, la libido est l'instinct de vie par opposition à l'instinct de mort ou au désir d'autodestruction.

Une situation bien réelle

Prenons un exemple : pour être pleinement satisfait de sa sexualité, Jacques a besoin de cinq ou six relations sexuelles par semaine alors que sa femme, Sylvie, est très heureuse avec une relation sexuelle intime une fois par semaine. La sexualité de ce couple deviendra certainement une source de conflits. Traiter Jacques d'obsédé sexuel ou dire de Sylvie qu'elle est quelque peu frigide ne réglera absolument rien ; au contraire, cela fera porter sur les épaules de l'un ou l'autre la responsabilité du problème sexuel du couple. Car c'est exactement ce que c'est, un problème de couple, un problème d'adaptation sexuelle conjugale : on ne peut pas limiter Jacques à une seule relation sexuelle hebdomadaire, ni forcer Sylvie à cinq relations par semaine. Que faire ?

Quand, lors de mes ateliers, je soumets cette problématique aux participant(e)s, plusieurs proposent un compromis à trois relations sexuelles par semaine, disant que chacun doit faire sa part pour le bonheur du couple. Cette solution part du principe que, dans un couple, chacun doit faire des compromis et mettre de l'eau dans son vin ; sauf que mettre de l'eau dans du vin diminue la qualité de ce vin. L'expérience démontre aussi que, dans la réalité, les compromis ne fonctionnent pas car les deux se retrouvent frustrés n'ayant qu'une partie de ce qu'ils désirent.

Imaginez qu'on force Sylvie à manger trois fois plus qu'elle n'a faim : la nourriture va finir par lui sortir par les oreilles et elle développera probablement un dégoût de la nourriture. En termes sexuels, la libido de Sylvie risque fort de disparaître et elle fera tout pour espacer les relations. Quant à Jacques, ce dernier restera toujours sur sa faim si on ne lui donne des assiettes qu'à moitié remplies et il sera toujours à l'affût de nourriture. Il ne cessera de harceler sexuellement Sylvie, ce qui provoquera un recul de Sylvie. Un cercle vicieux ! Un autre paradoxe !

On pourrait suggérer à Jacques de faire l'amour une fois par semaine avec Sylvie et de se masturber quatre autres fois. Beaucoup d'hommes mariés agissent ainsi et utilisent la masturbation pour gérer la différence de libido dans leur couple, même si la masturbation, dans nos sociétés, est encore très mal vue et constitue un tabou fortement enraciné. Si Jacques fait ce choix, devrait-il en parler ou non à Sylvie ? Et où se masturbera-t-il ? Sous la douche ? Dans le salon, en visionnant un film érotique ? Dans le lit, une fois Sylvie endormie ou partie ? Dans le lit, en feuilletant son PlayBoy, à côté de Sylvie éveillée ?

Et comment réagira Sylvie ? A-t-elle l'ouverture d'esprit nécessaire à l'acceptation d'un tel comportement ? Se sentira-t-elle
rejetée ? Aura-t-elle l'impression de servir d'exutoire sexuel
quand Jacques fera l'amour avec elle ? Se sentira-t-elle aimée
pour elle-même ou comme objet sexuel ? Et si Jacques ne lui
en parle pas et qu'elle le surprenne, comment réagira-t-elle ?
Se sentira-t-elle coupable de ne pas être à la hauteur du désir
de Jacques ou le rejettera-t-elle ? Le traitera-t-elle d'obsédé ?

Mais, de toute façon, c'est avec Sylvie que Jacques veut faire
l'amour ; il ne veut pas faire l'amour tout seul, même s'il
s'aime beaucoup. Le problème reste donc entier.

On pourrait aussi lui proposer de se trouver une ou deux maîtresses qui, elles, désirent faire l'amour deux ou quatre fois
par semaine et qui, pour une raison ou une autre, ne veulent
pas partager leur vie avec un homme. Tout le monde y trou-
verait son compte. D'ailleurs, plusieurs sociétés à travers le
monde et à travers l'histoire, ont valorisé la polygamie de
l'homme comme solution à la différence de libido dans le
couple. Au Japon, croyez-le ou non, c'est la femme qui choisissait les maîtresses de son mari ou qui choisissait ce que
les Japonais appelaient les secondes épouses ou épouses
subalternes. La femme contrôlait ainsi la vie sexuelle de son
mari… et de ses maîtresses. Une façon comme une autre
d'avoir du pouvoir.

Sauf que nous vivons maintenant à l'aube du XXIe siècle
dans une société qui valorise la monogamie et je ne suis pas
sûr que Sylvie accepterait un ménage à trois ou à quatre très
longtemps, comme cela se passe encore aujourd'hui chez les
Mormons de Salt Lake City (Utah). De toute façon, les statistiques démontrent que les couples occidentaux qui ont

essayé cette forme de mariage « open » sont aujourd'hui divorcés. La relation sexuelle n'implique pas seulement deux corps ; elle fait aussi appel aux émotions et aux sentiments et ce sont eux qui nous amènent à privilégier une relation intime profonde plutôt que plusieurs relations superficielles.

On pourrait demander à Sylvie de faire l'amour une fois et de se mettre « au service » de Jacques en le masturbant ou en acceptant des pénétrations sans qu'elle-même y trouve réellement de plaisir. Beaucoup de femmes acceptent, dans la réalité, de se comporter ainsi : elles font l'amour par amour ou par devoir, non par plaisir. Mais Jacques refuse d'avoir une esclave sexuelle, de vivre avec un objet sexuel ; il veut faire l'amour **avec** Sylvie ; il veut qu'elle participe, il veut qu'elle ait du plaisir et qu'elle prenne l'initiative.

On pourrait aussi proposer à Jacques et à Sylvie de divorcer et de se trouver un partenaire dont la libido est plus compatible avec la leur. Mais ils s'aiment et veulent vivre ensemble, malgré leur différend sexuel.

Ce couple a réellement un problème dû à la différence de libido entre Jacques et Sylvie. Ce « pattern » se répète à des millions d'exemplaires. Pourtant, au début de la relation, pendant l'étape de la passion, Sylvie et Jacques faisaient l'amour jusqu'à deux fois par jour. Pourquoi la sexualité est-elle devenue conflictuelle avec le temps ? Comment gérer ce conflit dû à la différence de libido ?

Que faire ?
Lors de la fusion passionnelle, nos deux cerveaux sont « boostés » par la phényléthylamine : nous faisons l'amour sans cesse, nous parlons des nuits entières, nous sommes hyperactifs… et nous retournons, frais et dispos, au travail, les

yeux pétillants (quoique cernés) et le sourire fendu jusqu'aux oreilles, attendant la fin de la journée pour retrouver la source de tant de plaisir : nous flottons. Mais nous ne pouvons pas carburer ainsi toute une vie. Vient un temps où nous ne pouvons plus suivre et où notre cerveau produit des endorphines : nous retrouvons alors notre véritable nature, et nous nous confrontons à nos différences, entre autres, libidinales.

Pendant cette phase fusionnelle, Sylvie avait toute l'attention de Jacques, ce qui la faisait vibrer et ouvrait son corps à la sexualité. Pendant cette phase, Jacques avait tout le sexe qu'il désirait, ce qui ouvrait son coeur et lui permettait de donner toute cette attention à Sylvie. Maintenant que la routine les a rejoints, que les responsabilités se sont accumulées, Jacques veut continuer d'exprimer à Sylvie, par son sexe et son corps, qu'il l'aime ; mais Sylvie recherche cet amour dans de multiples marques d'attention affective. Ne recevant pas ces marques d'affection, le désir sexuel de Sylvie diminue ; ne recevant plus le sexe dont il a besoin, le coeur de Jacques se referme. Et le cercle vicieux affection-sexe s'installe. Ce cercle infernal peut être stoppé si Jacques manifeste plus d'attention, si Sylvie se montre plus sexy. Mais gageons que l'un attendra que l'autre commence.

Les études sexologiques démontrent que la réactivité génitale de la femme augmente avec l'âge à la condition de pouvoir vivre des expériences sexuelles (romantiques d'abord, sensuelles par la suite et génitales finalement) agréables. C'est par l'accumulation de plaisir à ces trois niveaux qu'elle pourra s'épanouir sexuellement. Lorsqu'elle est épanouie, la femme adulte accepte plus facilement le sexe pour le sexe, et ce sexe n'a pas de limite. Mais cette sexualité ne semble vouloir s'épanouir que dans un contexte amoureux stable et intense.

127

À l'inverse de la femme, l'homme vit sa plus grande réactivité génitale dès le début de sa vie sexuelle et ce n'est qu'en vieillissant que sa génitalité perdra progressivement de son intensité et qu'il pourra, s'il accepte le fait, développer une plus grande sensualité et une plus grande émotivité.

On sait que l'adolescente se masturbe très peu (20 à 35 % avant l'âge de 20 ans) alors que la très grande majorité (95 %) des adolescents se masturbe à plusieurs reprises par semaine et ce tout au long de leur adolescence. Les filles de cet âge sont plus intéressées par le contexte relationnel, intime, romantique et vibratoire que par la dimension strictement sensuelle, génitale et explosive de la sexualité, ce qui est, au contraire, l'attrait des garçons. Mais, en vieillissant, cette différence s'amenuise comme vous pouvez le constater dans le tableau suivant:

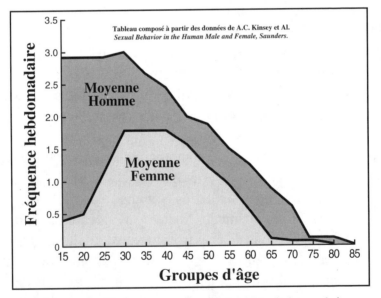

Tableau 5: Fréquence orgasmique hebdomadaire
en fonction de l'âge selon Kinsey.

Jacques et Sylvie doivent donc se mettre au niveau du couple et faire en sorte que les deux puissent y trouver leur compte au niveau sexuel. Que pourrait faire Jacques pour développer son romantisme et sa sensualité plus rapidement? Que pourrait faire le couple pour satisfaire les besoins sentimentaux de Sylvie? Que pourrait faire Sylvie pour développer son érotisme génital plus rapidement? Que pourrait faire le couple pour satisfaire les besoins physiques de Jacques?

Autant de questions auxquelles le couple doit trouver des réponses pour assurer son épanouissement émotif et sexuel et éviter une escalade où la sexualité devient un véritable champ de bataille et où chacun dit:

«Tu ne me donnes pas ce que je veux; je ne te donne pas ce que tu veux.»

Réflexions

Pour les anciens Chinois, la sexualité était une activité de régénération par le Yin et le Yang...

Pour les Grecs, c'était bien sûr une forme d'esthétisme...

Saint-Augustin y voyait un stigmate du diable, un acte de concupiscence...

Et que dire des médecins des XVIIIe et XIXe siècles qui en faisaient pratiquement une maladie...

Pour Freud, la sexualité était à toutes fins pratiques un danger pour la civilisation...

Les féministes en ont presque fait un geste politique...

Mais enfin... c'est quoi la sexualité ?
Bernard Germain et Pierre Langis
La sexualité, Regards actuels

Dans bon nombre de sociétés, l'homme et la femme ont désormais assez de temps libre pour s'apercevoir que nous ne sommes pas compatibles, et je crois que nous n'avons découvert que très récemment l'immensité des différences qui nous séparent.
Joe Tanenbaum, Découvrir nos différences

15

Le mari qui se masturbe

« Dernièrement, j'ai surpris mon mari en train de se masturber. Pourtant, nous faisons l'amour régulièrement, de deux à trois fois par semaine. Est-il normal pour un homme marié depuis huit ans de continuer à se masturber ? »

Eh bien, oui, madame, il est très fréquent que l'homme marié, même s'il vit avec une partenaire avec laquelle il fait l'amour régulièrement, puisse à l'occasion avoir recours à la masturbation. Ce comportement est statistiquement normal et peut facilement s'expliquer pour plusieurs raisons.

Pourquoi les hommes mariés se masturbent-ils ?

Premièrement, la libido de l'homme est plus forte en moyenne que celle de la femme. En général, la femme adulte désire d'une à deux relations sexuelles par semaine tandis que l'homme en désire de deux à trois par semaine. C'est une question de biologie, au même titre que l'appétit : l'intensité de la sexualité est régie par la quantité de testostérone, une hormone que l'on retrouve en grande quantité chez l'homme et qui est directement associée au désir sexuel. Or, l'homme en produit une plus grande quantité que la femme.

L'amour n'a rien à voir là-dedans. La différence entre les deux sexes peut parfois être encore plus grande comme nous l'avons vu avec Jacques et Sylvie dans le chapitre précédent.

Deuxièmement, l'homme trouve dans la masturbation des plaisirs qu'il ne peut retrouver dans une relation sexuelle. Lui seul sait exactement le rythme et le type de caresses dont il a besoin pour se satisfaire. Et il n'a à se préoccuper que de lui-même. En ce faisant, il ne rejette pas sa partenaire, il s'occupe de lui. Et ne croyez surtout pas les prophètes de malheur qui vous prédisent que l'homme qui se masturbe ne voudra plus faire l'amour. C'est tout à fait faux, car l'homme trouve dans le coït un plaisir multiplié parce que partagé. La masturbation adolescente est un appel à l'autre, une préparation à la sexualité adulte. La masturbation adulte n'est, le plus souvent, qu'un à-côté agréable. Des études récentes démontrent, d'ailleurs, que ce sont les hommes qui se masturbent le plus qui ont aussi le plus de relations sexuelles et qui continuent d'avoir une vie sexuelle active même après soixante ou soixante-dix ans.

Troisièmement, l'homme marié peut se masturber parce que sa partenaire n'est temporairement pas disponible, parce qu'elle est absente, malade ou tout simplement non disposée à faire l'amour. On a constaté, par exemple, que la fréquence de la masturbation augmentait de façon significative chez les marins, les soldats, les travailleurs de la Baie James, les prisonniers... lorsque ceux-ci étaient privés de leur partenaire sexuelle régulière.

Les avantages de la masturbation
Dans tous ces cas, on doit alors considérer la masturbation, non pas comme une tare mais comme un moyen utilisé par

l'homme pour équilibrer sa vie sexuelle et gérer sa libido. De toute façon, la majorité des hommes ne l'utilise plus ou en diminue grandement la fréquence dès que leur partenaire sexuelle redevient disponible ou augmente sa réceptivité sexuelle. Kinsey, Masters et Johnson, Hite et plusieurs autres psychologues et sexologues à leur suite, ont démontré que l'homme normal, l'homme moyen, avait deux vies sexuelles : la première avec leur partenaire et la deuxième avec lui-même. L'homme moyen, à la fin de sa vie, cumule autant d'orgasmes par la masturbation que par le coït, soit environ 49 % chacun, le reste de ses orgasmes provenant des éjaculations nocturnes et autres moyens plus marginaux.

L'héritage culturel[1] concernant la masturbation est très lourd. La masturbation constitue, encore aujourd'hui, le plus grand des tabous[2] sexuels. Tissot[3], un médecin suisse, l'a accusée d'être la source d'à peu près toutes les maladies physiques et mentales. Saviez-vous que l'étymologie du mot masturbation veut dire «polluer ou troubler avec la main»? Saviez-vous aussi que le mot masturbation n'apparaît pas dans tous les dictionnaires et encyclopédies et que lorsqu'il y apparaît, les définitions comportent souvent des commentaires péjoratifs : pratique anormale, acte contre nature, pollution… La masturbation est un mot qui fait peur. En fait, la masturbation ne rend pas sourd ou aveugle, mais plutôt muet : tout le monde se tait lorsque quelqu'un ose en parler.

Pourtant, tout le monde se masturbe, ou à peu près. Tous les enfants manipulent leurs organes génitaux. À quinze ans, 95 % des garçons se masturbent trois fois et plus par semaine et 85 % des femmes se sont masturbées jusqu'à l'orgasme au moins une fois dans leur vie.

La masturbation est considérée par les spécialistes comme le meilleur moyen d'apprentissage des relations sexuelles. On l'utilise même pour le traitement des dysfonctions sexuelles. Beaucoup de femmes anorgasmiques ont découvert l'orgasme grâce à la masturbation. La masturbation est un excellent outil pour apprendre à l'homme à mieux gérer sa rapidité éjaculatoire et pour apprendre à la femme à reconnaître le chemin de l'orgasme. Se masturber, en présence de son partenaire constitue un excellent moyen de lui enseigner nos préférences en terme de caresses génitales et sexuelles.

Quand s'inquiéter ?

Lorsque, dans un couple, la fréquence de masturbation devient plus élevée que la fréquence des rapports sexuels, il y a là un signal d'alarme que le couple devrait analyser.

- Est-ce dû à une diminution de l'intensité amoureuse du couple ?

- Est-ce l'indice d'une difficulté de communication à l'intérieur du couple ?

- L'homme utilise-t-il la masturbation pour se libérer de tensions autres que sexuelles ?

- L'homme se masturbe-t-il parce que sa femme refuse régulièrement ses avances ?

- L'homme est-il en train de s'isoler et de se replier sur lui-même ?

- Est-ce un moyen utilisé par l'homme pour exprimer sa colère à sa femme ?

- Les relations sexuelles du couple sont-elles devenues plates ou fastidieuses ?

Peu importe la raison, une telle situation pourrait constituer une occasion privilégiée pour le couple de se questionner sur leur sexualité et de trouver des moyens pour relancer leur vie sexuelle. Il est tout à fait normal pour un couple de vivre des hauts et des bas, y compris sur le plan sexuel. La découverte de votre partenaire en train de se masturber pourrait donc devenir une occasion de vous rapprocher de lui et de mieux le comprendre. Au lieu de l'accuser ou de vous remettre en question, au lieu d'en faire un drame, essayez plutôt d'en connaître les raisons et d'agir en conséquence.

Mais il arrive parfois que la masturbation soit, non pas la cause, mais la manifestation d'un réel trouble pathologique : l'adolescent hypertimide, le schizoïde... se masturbent parce qu'ils n'ont pas developpé d'habilités sociosexuelles. La masturbation ne rend pas timide ou fou, mais il est sûr que la timidité excessive ou la folie peut limiter l'individu à la masturbation. Il ne faudrait pas prendre l'effet pour la cause.

---

1. Dallaire, Yvon, *La masturbation, Le dernier des tabous*, thèse de maîtrise inédite mais disponible auprès des Éditions Option Santé, (418) 687-0245.
2. Le *Janus Report on Sexual Behavior* estime que seulement 13 % des Protestants pensent que la masturbation peut être une expression naturelle de la vie sexuelle adulte.
3. Tissot, S.A.D., *L'onanisme ou Dissertations sur les maladies produites par la masturbation*, 1741. D'après ce médecin, la masturbation était source d'impuissance, d'épilepsie, de perte de la vision, de folie, de rhumatismes, de priapisme, de tumeurs, d'hémorroïdes et finalement de mort.

Réflexions

Je crois bien que pour moi tout a commencé quand ma mère m'a surpris en train de me masturber et qu'elle m'a fait enregistrer comme délinquant sexuel. Woody Allen

Masturber : (du latin *manus*, main et *stuprare*, polluer) Procurer le plaisir sexuel par l'excitation manuelle des parties génitales. Le Petit Larousse Illustré

Onanisme. Mot qui désigne une manière contre nature de limiter les naissances : c'est le retrait de l'époux avant l'émission séminale pendant l'acte du mariage. C'est toujours un péché grave. Ce mot tire son origine d'Onan, personnage de l'Ancien Testament que Dieu frappa de mort pour avoir commis une telle action. Genèse 38 : 8-10

Don't knock masturbation ; it's sex with someone I love.
Woody Allen

16

La femme-objet

Dans les questions qui me sont posées par les femmes lors de mes conférences sur la sexualité, je constate souvent qu'elles ont l'impression d'être «utilisées» par les hommes sur le plan sexuel, qu'elles ont l'impression que les hommes ne les considèrent que comme des objets sexuels à leur service.

Combien de temps une femme devrait-elle fréquenter un homme avant d'avoir des relations sexuelles? Qu'est-ce qu'un homme considère comme une femme «facile»? Pourquoi ne s'engage-t-il pas après avoir obtenu ce qu'il voulait? Pourquoi l'homme a-t-il peur de la femme qui prend l'initiative sexuelle? Pourquoi son mari ne fait-il attention à elle que lorsqu'il veut satisfaire son besoin sexuel? Que devrait-elle faire pour se protéger de cette exploitation?

Pourquoi faire l'amour?

Il n'existe, à mon avis, qu'une seule raison qui devrait motiver une femme à faire l'amour avec un homme, que ce soit un nouveau partenaire ou son conjoint de tous les jours : avoir envie de lui, avoir envie de faire l'amour avec lui pour son propre plaisir et sa propre satisfaction, et non pas pour faire plaisir à l'autre, pour respecter une certaine image ou par peur de le perdre.

Si la femme accepte de faire l'amour avec un homme de temps à autre parce qu'elle sent son désir pour elle et qu'elle est consentante à répondre à ce désir, elle devrait alors l'exprimer à son partenaire et **ne jamais faire semblant** qu'elle le désire quand ce n'est pas le cas. La femme qui se sent utilisée ou exploitée devrait se demander si elle-même ne se sert pas des relations sexuelles pour manipuler son partenaire, pour l'attirer, pour le garder ou pour faire du marchandage.

La femme qui couche avec un homme pour sa propre jouissance ne se soucie pas de la fréquence des relations ; elle ne se demande pas s'il « se sert » d'elle, même si elle ne le revoit plus par la suite. Cette femme est satisfaite de cette relation qu'elle a eu plaisir à vivre et qu'elle a librement choisi de vivre pour elle-même, pour son plaisir personnel.

Action-réaction

La femme qui risque le plus d'avoir l'impression d'être un objet sexuel est celle qui se contente de **réagir** durant ses relations sexuelles, celle qui ne définit jamais ses besoins et ses désirs, ce qu'elle aime ou n'aime pas. En se contentant de réagir à la sexualité de l'homme, elle renie son identité personnelle et se comporte, en fait, comme si elle était bel et bien un objet. La femme qui prend sa sexualité en main, celle qui agit au lieu de réagir ne se sentira jamais objet ou rejettera l'homme qui la considère comme telle. Dans la dynamique action-réaction, la personne qui agit est considérée comme la responsable alors que la personne qui réagit est souvent perçue comme la victime, heureuse ou malheureuse, de celui qui a agi.

« Il n'y a pas de femme frigide, il n'y a que des hommes maladroits » constitue un très bel exemple de la dynamique action-réaction. La belle au bois dormant attend que son prince charmant la réveille et l'emmène dans son château. Si le château où elle arrive est bien entretenu, elle lui en sera reconnaissante, mais elle voudra quand même qu'il l'améliore. Si le château est mal entretenu (c'est-à-dire pas à son goût), le prince en sera le seul et unique responsable et la princesse pourra, à bon droit, du moins le croit-elle, le critiquer, sans même qu'il lui vienne à l'idée de se mettre à l'ouvrage et de faire un grand ménage afin de l'aménager à son goût ou, mieux, au goût du couple. Ainsi agit la femme-objet, la femme frigide : elle s'en remet à l'autre et veut que l'autre change au lieu de se remettre elle-même en question. Dans la réalité, il y a des femmes frigides, il y a des hommes maladroits ; les deux se retrouvent généralement ensemble... et débute le cercle vicieux des frustrations et des récriminations.

Réactions de l'homme devant la femme-objet ?
Certains vont évidemment en profiter, prendre leur plaisir et la laisser tomber dès qu'ils s'en seront lassés ou qu'ils auront trouvé un plus bel objet. Ce qui confirmera la femme-objet dans sa croyance que l'homme ne la considère que comme un objet sexuel et qu'il ne veut pas s'engager. Et l'homme sera de plus en plus convaincu qu'il peut continuer à agir de la sorte puisqu'il ne dort jamais seul, puisqu'une autre femme-objet est toujours prête à se mettre à son service.

Mais l'homme conscient et autonome, qui se soucie de son bien-être, met généralement fin à une telle relation lorsque la femme le laisse se servir d'elle, lorsque la femme réagit comme un objet. Pour l'homme conscient de sa valeur et de la valeur que doit avoir sa partenaire, une telle expérience est ennuyeuse, dégradante et aliénante. Cet homme refuse de s'engager dans une relation où la femme culpabilise l'homme de sa propre insatisfaction.

Si une telle relation action-réaction dure, l'homme en arrive à se détester, à se voir comme un « animal concupiscent », à sentir qu'il a une dette en retour du « service » qu'elle lui rend ou du « présent » qu'elle lui offre, son corps-objet. Il ne peut la quitter, car il y trouve du plaisir, mais il ne l'aime pas, il ne s'aime pas. L'homme qui agit ainsi devient, après un certain temps, désabusé et blasé.

Il nous faut changer l'attitude des hommes et des femmes qui considèrent encore la relation sexuelle comme quelque chose que les hommes font **aux** femmes ou **par** les femmes. La relation sexuelle, c'est quelque chose que les hommes et les femmes font **ensemble** pour le plus grand plaisir, physique et émotif, de chacun.

Réflexions

De tout temps, on a exploité le corps (la sexualité) de la femme, tout comme on a, de tout temps, exploité la force (l'agressivité) de l'homme.

Anonyme

La personne qui réagit n'est jamais coupable. La personne qui agit est responsable de tout. Par conséquent, on peut affirmer que seules les personnes qui agissent sont méchantes et exploitent les autres. Ceux qui agissent sont des héros ou des démons, des libérateurs ou des destructeurs, des gagnants ou des perdants. (…) C'est la dynamique action et réaction qui a permis aux féministes d'accuser les hommes de les aliéner, de les exploiter et d'abuser d'elles.

Dr Herb Goldberg, *Être homme*

M'aimes-tu seulement pour mon corps ?
Me trouves-tu belle ?

N'importe quelle femme

Nous faisons toujours payer très cher… ce que nous devons à l'autre.

Jacques Salomé

« Quand une femme a fait l'amour avec un homme, elle sait ce qu'il vaut. Mais non, dit-elle, il ne s'agit pas de virilité. Qu'est-ce que ça veut dire la virilité ? Mais la générosité, l'abandon du corps, la sincérité des gestes… le comportement d'un homme ne trompe pas. »

Paul-Loup Sulitzer, *Les Maîtres de la vie*

L'éjaculation précoce existe-t-elle ?

« Monsieur Dallaire, je vous envoie mon mari ; il souffre d'éjaculation précoce. Ça fait des années que ça dure et je ne peux plus le supporter. Guérissez-le ou je divorce. »

Quand le mari arrive au rendez-vous, il s'autoaccuse effectivement d'avoir un problème d'éjaculation précoce et me parle des répercussions négatives sur la sexualité de son couple. Pourtant, dit-il, il a tout essayé pour se contrôler : serrer les dents, rentrer les ongles dans ses paumes, penser à la belle-mère ou aux comptes à payer, se masturber avant et toutes sortes d'autres stratégies utilisées pour essayer de le distraire de son excitation et contrôler son éjaculation. Plusieurs ont même essayé, plus ou moins gauchement, une certaine technique appelée « squeeze » pour réaliser leur grand désir : « durer plus longtemps » afin de donner plus de plaisir à leur femme et qu'elle puisse atteindre l'orgasme vaginal. Tout un contrat !

Questions aux hommes
Tous sont très surpris et restent bouche bée quand je leur pose la question suivante :

« Si votre partenaire orgasmait dans les trente secondes suivant la pénétration, seriez-vous assis aujourd'hui devant moi ? »

«Euh !»

Je leur demande aussi s'ils ont déjà vu d'autres mâles (taureaux, singes, boeufs, oiseaux…) faire l'amour. La réalité est que la très grande majorité des mâles de toutes les espèces animales, sauf les canidés, éjacule au moment même de la pénétration. On parle même d'apposition génitale chez les oiseaux tellement leur contact sexuel est bref. Comme disent nos amis anglais, la réactivité génitale mâle ressemble plus à «Wham-bam-thank-you-ma'am !» qu'à une symphonie qui s'éternise.

La très grande majorité reste sans voix, yeux incrédules.

« Quoi, je me casse la tête pour un problème qui n'en n'est pas un ? Mais, moi aussi, je voudrais durer plus longtemps, pour mon propre plaisir. »

Saviez-vous que la définition de l'éjaculation précoce acceptée par l'Organisation Mondiale de la Santé, l'American Psychological Association et la majorité des Ordres Professionnels des Psychologues et des Associations de Sexologues a été écrite par… une femme, le Dr. Helen S. Kaplan dans son livre *How to Overcome Premature Ejaculation*[1], qui s'est vendu à plusieurs millions d'exemplaires à travers le monde ? Cela signifie probablement que des millions d'hommes se préoccupent, beaucoup plus qu'on ne le pense, du plaisir de leur partenaire ; à moins que tous ces exemplaires n'aient été achetés par des femmes. Cette définition se lit comme suit :

« Le critère essentiel de l'éjaculation précoce consiste en l'absence d'un contrôle éjaculatoire volontaire adéquat, ce qui a pour conséquence une éjaculation involontaire avant même que l'homme l'ait décidé. »[2]

Mais, saviez-vous aussi que l'unanimité est loin d'être faite sur cette définition parmi les sexologues ? Doit-on utiliser un critère temporel pour la définir ? La présence ou non de l'orgasme féminin ? Un pourcentage de réussite ? Le contrôle volontaire ?... Si, comme le pense le Dr Kaplan, l'homme peut **volontairement** retarder son éjaculation, pourquoi la femme ne pourrait-elle pas **volontairement** accélérer le sien ? Y aurait-il ici deux poids, deux mesures ?

Avant de répondre aux objections tout à fait compréhensibles de mes clients, je pose une dernière question à ces maris convaincus d'être les coupables :

« Est-ce vraiment vous qui souffrez d'éjaculation précoce ou votre femme qui souffre d'orgasme retardé ? »

Conclusions des spécialistes

Que peuvent vouloir dire toutes ces questions ? Quelle est la vérité concernant l'éjaculation dite « précoce » ? Voici une liste de conclusions auxquelles sont arrivés les spécialistes de la sexualité (psychologues, sexologues, anthropologues, sociologues, médecins), conclusions qui remettent en question certaines croyances populaires et même scientifiques :

1. L'éjaculation rapide est une tendance tout à fait normale et naturelle chez l'homme, surtout le jeune homme. On la retrouve partout dans la nature. La rapidité éjaculatoire serait même une stratégie que la nature a développée pour

assurer la survie à la fois de l'espèce humaine et du bagage génétique individuel. L'éjaculateur rapide est donc un homme en santé.

2. L'orgasme chez la femme n'est pas quelque chose d'inné, mais quelque chose qu'elle doit apprendre et qu'elle n'apprend qu'à la condition d'accumuler des expériences sensuelles et sexuelles agréables. Nous n'avons actuellement aucune preuve de l'existence de l'orgasme chez les femelles mammifères, même chez la guenon, notre plus proche parente.

3. Le véritable problème ne réside pas dans la rapidité éjaculatoire de l'homme ou dans la difficulté orgasmique de la femme, mais bien dans la **différence naturelle** de rythme entre les deux sexes[3].

4. Des recherches ont démontré que, même si l'homme maintient une pénétration de vingt minutes ou plus, l'incidence de l'orgasme vaginal féminin n'augmente pas. Le véritable organe sexuel de la femme, c'est le clitoris. Quant au point G intra-vaginal, tout est une question de qualité de la stimulation plutôt que de quantité ou de durée de la stimulation.

5. Certains hommes sont hypersensibles à la stimulation de leur pénis. La cause est d'ordre physiologique et ne se situe pas entre les deux oreilles.

6. Il existe deux méthodes[4] éprouvées pour apprendre à l'homme à éjaculer au moment où il le désire: la « squeeze » technique, développée par Masters et Johnson au début des années 60, et la technique « stop-start », développée par l'urologue James Semans en 1956. À

l'aide de ces deux techniques et d'un support psy-
chothérapeutique, tout homme peut facilement apprendre à éjaculer au moment choisi.

Apprentissage du contrôle éjaculatoire

Lorsque ces hommes, que leurs femmes m'ont envoyés, ont
bien compris ces messages, ils sentent comme un poids de
moins sur leurs épaules, ils se sentent soulagés, ils se sentent
normaux. Ce qu'ils sont effectivement : les hommes des
années 90, d'après des recherches récentes, éjaculent de deux
à sept minutes après la pénétration. Ce qui est beaucoup
mieux que leurs grands-pères qui, d'après Kinsey (1948),
éjaculaient moins de deux minutes après la pénétration, du
moins pour 75 % d'entre eux. Ces chiffres pourraient toutefois être minimisés quand on connaît la tendance des
hommes à l'exagération lorsqu'ils parlent de leurs perfor-
mances (principe du plus gros poisson).

L'étape suivante consiste à impliquer leur partenaire. Car, à
de rares exceptions près, toute difficulté d'ordre sexuel est
une difficulté d'adaptation conjugale. Lorsque la partenaire
accepte de faire partie du «problème», lorsqu'elle accepte
une partie de la responsabilité dans la difficulté sexuelle du
couple, lorsqu'elle accepte de participer en tant que complice,
alors là, la thérapie sexuelle peut réellement commencer.

L'objectif de la thérapie ne sera pas d'amener l'homme à
contrôler son éjaculation, car c'est là mission impossible :
personne ne peut contrôler un réflexe. Or, l'éjaculation est
un réflexe qui survient lorsque l'excitation atteint un certain niveau et dépasse ce que les sexologues appellent le
point de non-retour. Tous les hommes savent de quoi je veux
parler. L'érection est aussi un réflexe : elle survient quand les

conditions sont propices et non pas à chaque fois que l'homme le désire. Elle survient même spontanément dans des situations qui peuvent être quelque peu gênantes.

Non, l'objectif de la thérapie sera d'aider l'homme à être davantage en contact avec ses sensations et à le déresponsabiliser de la jouissance de sa partenaire. Reprenant contact avec ses sensations, il saura où il en est rendu dans son excitation et pourra alors contrôler la seule chose qu'il puisse réellement contrôler, soit la stimulation qui provoque l'excitation qui déclenche le réflexe éjaculatoire. Tout en travaillant à augmenter son seuil-réflexe par des exercices musculaires, il apprendra à mieux gérer la quantité de stimulation et jouer avec son point de non-retour.

Un autre objectif de la thérapie sera d'aider la femme, à l'inverse de son partenaire, à accélérer son processus d'excitation et augmenter sa réactivité orgasmique. Masters et Johnson et, à leur suite, le rapport Hite[5], ont démontré que les femmes pouvaient parvenir à l'orgasme aussi rapidement que les hommes. Et il n'y a qu'une seule façon d'y parvenir : trouver la stimulation physique efficace qui amènera l'excitation et provoquera l'orgasme. Évidemment, dans le cas de la femme, on doit tenir compte de toute la dimension émotive, affective et vibratoire de la relation sexuelle et faire disparaître chez elle les conséquences de la répression culturelle de la sexualité féminine.

L'éjaculateur dit précoce est généralement celui qui veut tellement faire plaisir à sa partenaire qu'il passe son temps à s'autosurveiller, s'autocritiquer et à se demander si, enfin, cette fois-ci, il y parviendra. Le summum de ses efforts : il vient, à la demande de sa femme, s'accuser devant un(e) psychologue d'être le responsable de l'insatisfaction sexuelle de sa femme. Cet homme peut être félicité pour son altruisme, mais une telle préoccupation mentale le coupe de ses sensations érotiques et provoque l'inverse de l'objectif visé : il se fait généralement traiter d'égoïste. De plus, il ne peut être tenu responsable du plaisir de sa partenaire car, si la caresse vient de l'extérieur, le plaisir, lui, émane de l'intérieur. Le meilleur amant ne peut faire jouir une femme qui ne s'abandonne pas.

Dans ces conditions, l'homme et la femme pourront se retrouver quelque part au milieu d'un terrain neutre où l'épanouissement sexuel du couple aura des chances de se réaliser, tout en tenant compte de la rapidité éjaculatoire de l'homme et de la faible réactivité génitale de la femme.

Vais-je maintenant recevoir des appels téléphoniques d'hommes me disant : «Monsieur Dallaire, je vous envoie ma femme, elle souffre d'orgasme retardé, pouvez-vous la guérir ?» J'espère que non, car cela signifierait que le message de ce chapitre n'a pas passé. Je préférerais entendre : «Nous avons une difficulté d'adaptation sexuelle. Pouvez-vous faire quelque chose pour nous ?»

---

1. Saviez-vous que la version française de ce livre a été préfacée par une autre femme bien connue au Québec, Louise-Andrée Saulnier ?

2. Kaplan, Helen Singer, *L'éjaculation précoce, Comment y remédier*, Éd. Guy St-Jean, Laval, 1994, p. 30.

3. Fait intéressant, les homosexuels ne consultent jamais pour un problème d'éjaculation précoce. Serait-ce surtout le désir de plaire à sa femme qui pousse l'homme marié à consulter ? À noter que les lesbiennes ne consultent pas non plus pour des difficultés orgasmiques.

4. Vous pouvez retrouver la description de ces deux méthodes dans le livre *L'éjaculation précoce* ou dans n'importe quel livre abordant la thérapie sexuelle. Vous pouvez aussi apprendre ces deux techniques avec l'aide d'un psychologue-sexologue.

5. Hite, Shere, *Le rapport Hite*, Robert Laffont, Paris, 1977.

Réflexions

Loin d'être anormal, le mâle humain qui est rapide dans sa réponse sexuelle est tout à fait normal et son comportement est considéré comme habituel au sein de son espèce : les mammifères… Il serait difficile de trouver une situation où la personne, dont les réponses sont vites et intenses, pourrait être qualifiée d'autres épithètes que supérieure. C'est exactement ce qu'est l'éjaculateur rapide et à plusieurs points de vue, aussi regrettables et fâcheuses que ces qualités puissent être pour la partenaire sexuelle.   Alfred Kinsey, 1948

Comment se fait-il que cette supériorité préhistorique (la rapidité de l'éjaculation) soit devenue une dysfonction ?
                                        Lawrence Hong, sexologue

Savez-vous comment s'appelle le morceau de peau sensible autour du gland du pénis ? Un homme !   Anonyme

On dit que, dans le mariage, l'homme écoute lors de la première année, que la femme écoute lors de la deuxième année et qu'à partir de la troisième année, ce sont surtout les voisins qui écoutent.   Anonyme

L'orgasme : le compromis parfait entre l'amour et la mort.
                                        Robert Bak

18

La sexualité après 40 ans

L'âge provoque chez l'homme et la femme des changements physiologiques prévisibles, graduels et tout à fait normaux. Ils sont, de plus, sans grandes conséquences, à moins de paniquer. Certains constituent même des avantages.

Changements chez l'homme

L'érection

Chez l'homme, ces changements se manifestent tout d'abord au niveau de l'érection qui devient plus lente à obtenir et qui nécessite une plus grande stimulation physique de sa part ou de la part de sa partenaire (qui pourrait s'enorgueillir d'être vraiment la responsable de cette érection). De plus, l'érection sera moins ferme et complète : elle n'atteindra son apogée qu'au moment de l'orgasme et disparaîtra plus rapidement qu'auparavant. La période réfractaire, période pendant laquelle l'homme ne peut plus avoir d'autres érections, a tendance à s'allonger au fur et à mesure que l'homme vieillit ; il n'est pas rare qu'elle puisse durer jusqu'à quarante-huit heures après soixante ans alors qu'elle était à peine de quelques minutes à dix-huit ans.

En vieillissant, l'homme apprend généralement à mieux contrôler la montée de son excitation ; ce qui fait que ses érections sont plus longues avant l'éjaculation et que la pénétration peut ainsi durer plus longtemps, au grand plaisir de sa partenaire et du sien.

L'orgasme

Plusieurs changements se produisent au niveau de l'orgasme. Tout d'abord, non seulement la capacité physiologique d'orgasmer s'amoindrit mais le désir ou le besoin d'orgasmer diminue aussi, ce qui provoque une baisse de la fréquence des relations sexuelles. En plus, le besoin d'orgasmer à tout coup devient moins urgent, ce qui fait que l'homme peut davantage profiter des préliminaires ou avoir des contacts sexuels sans nécessairement parvenir à l'orgasme. En général, les femmes trouvent que les hommes deviennent de meilleurs amants en vieillissant justement parce que ceux-ci mettent moins l'accent sur la nécessité d'atteindre l'orgasme.

L'éjaculation

L'éjaculation sera évidemment moins forte ; souvent elle ressemble plus à une émission de sperme plutôt qu'à une véritable éjaculation avec projection du sperme à plusieurs centimètres. L'homme perd aussi progressivement la sensation du point de non-retour : il passe parfois de la phase d'excitation à l'orgasme sans trop s'en rendre compte.

La période réfractaire post-orgasmique sera plus longue, c'est-à-dire que même si une nouvelle érection se présente, il ne pourra orgasmer avant un certain temps. Il existe aussi une période réfractaire dite paradoxale, en ce sens que même si l'homme n'a pas orgasmé après une période d'excitation intense, son corps réagit comme s'il avait effectivement orgasmé et, malgré la poursuite de la stimulation, il ne peut y parvenir. Plutôt que de s'acharner, l'homme qui accepte ce fait reporte au lendemain son désir d'orgasme.

Au niveau de l'érection
1. Érection plus lente à obtenir.
2. Nécessité d'une plus grande stimulation physique de la part de la partenaire.
3. Érection moins ferme et complète.
4. Érection plus longue sans éjaculation.
5. Perte d'érection plus rapide après l'orgasme.
6. Période réfractaire plus longue.
7. Détumescence rapide.

Au niveau de l'orgasme
8. Désir ou capacité moindre d'orgasme.
9. Besoin d'orgasmer à tout coup moins urgent.
10. Moindre force de l'éjaculation.
11. Baisse ou perte de la sensation du point de non-retour.
12. Période réfractaire orgasmique plus longue.
13. Période réfractaire orgasmique paradoxale.

Au niveau de l'expérience sexuelle globale
14. Moindre accent sur les organes génitaux.
15. Accent plus grand sur l'expérience sensuelle corporelle et émotive.
16. Forte influence des aspects psychophysiologiques.

Tableau 6 : Changements physiologiques
dus à l'âge chez l'homme

Expérience sexuelle globale

L'homme qui accepte et intègre ces changements physiologiques en mettant un moindre focus sur son pénis et ses
organes génitaux pourra alors vivre une expérience sexuelle
plus globale et plus axée sur les dimensions sensuelle, corporelle et émotive ; ce qui est un atout important pour
améliorer et faire durer la relation sexuelle.

L'andropause existe-elle ?

Contrairement à la croyance populaire et aux avancées de certains chercheurs, je ne crois pas à l'existence d'une andropause
chez l'homme, même s'il peut parfois ressentir certains symptômes associés à la ménopause : bouffées de chaleur, sueurs,
irritabilité… Je n'y crois pas pour quatre raisons :

1. il n'y a pas chez l'homme de changement hormonal radi-
cal amenant la perte de la capacité reproductive et des
transformations corporelles visibles telles, chez la femme,
la perte des menstruations, l'augmentation du tour de
taille, l'apparition de la pilosité ;

2. il manque un élément essentiel, soit la concentration de ces
symptômes dans un court laps de temps comme chez la
femme où la ménopause dure en général de trois à cinq ans ;

3. les changements les plus visibles surviennent entre 60 et
70 ans et ne sont pas nécessairement reliés à la baisse de
production de testostérone ;

4. ces changements ne surviennent pas chez tous les hommes, comme c'est le cas pour la ménopause : aucune
femme n'y échappe.

Il ne fait aucun doute que des changements puissent se produire chez certains hommes vieillissants, mais ces changements physiologiques se font progressivement, contrairement à ce qui se passe chez la femme. L'homme peut aussi vivre des répercussions psychologiques, comme refuser le fait de vieillir en se tournant du côté des jeunes femmes, mais ce phénomène, souvent appelé démon du midi, n'a rien à voir avec la baisse de testostérone ; il serait plutôt associé à une anxiété de performance. Il n'existe pas chez l'homme de réel syndrome[1] caractérisé ou de modifications marquées comme dans la ménopause. L'andropause n'est pas l'équivalent masculin de la ménopause.

Changements chez la femme

Les femmes sont sujettes à des variations individuelles très importantes : pour certaines, la libido diminue fortement avec l'âge ; d'autres se découvrent une nouvelle sexualité après la ménopause ; plusieurs femmes font de fortes réactions dépressives à la ménopause ; d'autres se rendent à peine compte qu'elles sont ménopausées. En général, au niveau de la sexualité, les variations individuelles chez les femmes sont beaucoup plus importantes que chez les hommes.

Les hormones sexuelles

Le principal changement qui se produit chez la femme se situe au niveau de ses hormones sexuelles. La ménopause provoque une baisse brutale du taux d'oestrogènes et de progestérone, ce qui amène une influence accrue des androgènes et de la testostérone que toute femme produit en petite quantité. La recrudescence de l'activité sexuelle vécue par certaines femmes est probablement due à cette plus grande influence des hormones mâles, particulièrement la testostérone.

Niveau physiologique

Au niveau physiologique, la lubrification vaginale se fait plus lentement et est moins abondante. Alors que la jeune femme de trente ans produit sa lubrification vaginale en dix à trente secondes à peine lorsque stimulée adéquatement, la femme de soixante ans aura besoin de une à trois minutes pour parvenir au même résultat, même si elle adore les caresses qu'elle reçoit.

Les parois vaginales ont tendance à s'amincir et à perdre de leur élasticité, ce qui rend certains coïts douloureux, tant pour l'homme que pour la femme. Non seulement il y a une réduction importante de l'utérus, mais son élévation lors de la période d'excitation devient plus faible ou plus tardive. Les lèvres externes perdent leur dépôt cutané et s'amincissent elles aussi. L'engorgement des lèvres internes se fait plus léger. Et, évidemment, il y a affaissement des seins dû à la réduction de la glande mammaire et à la loi de la gravité.

Les réactions du clitoris demeurent toutefois égales. On ne constate aucune répercussion due à l'âge sur le clitoris qui reste un organe exclusivement voué au plaisir.

L'orgasme

Au niveau de l'orgasme, les contractions orgastiques sont moins vigoureuses et moins fréquentes. Il se produit une diminution de la myotonie (tension musculaire) générale. L'effet de creux[2] du vagin reste incomplet ou se fait tardivement. Les sensations érotiques ont tendance à devenir moins intenses. Et, tout comme chez l'homme, la phase de résolution, ou détumescence, est accélérée. La femme âgée ne subit aucune perte de sa capacité multiorgasmique.

Au niveau des hormones sexuelles
1. Baisse du taux d'oestrogènes et de progestérone.
2. Influence accrue des androgènes et de la testostérone.

Au niveau physiologique
3. Lubrification vaginale plus lente et moins abondante.
4. Parois vaginales plus minces et moins élastiques.
5. Réduction de l'utérus (élévation plus faible ou tardive).
6. Les lèvres externes s'amincissent.
7. Engorgement plus léger des lèvres internes.
8. La réaction du clitoris demeure toutefois égale.
9. Affaissement des seins dû à la réduction de la glande mammaire.

Au niveau de l'expérience orgasmique
10. Contractions orgasmiques moins intenses.
11. Effet de creux du vagin incomplet ou tardif.
12. Diminution de la myotonie générale.
13. Sensations érotiques moins intenses.
14. Phase de résolution accélérée.
15. Aucune perte de la capacité multiorgasmique.

Au niveau de l'expérience sexuelle globale
16. Baisse ou augmentation significative de la libido après la ménopause; puis baisse graduelle.
17. Très forte influence des facteurs psychosociaux.

Tableau 7 : Changements physiologiques dus à l'âge chez la femme

Expérience sexuelle globale

Au niveau de l'expérience sexuelle globale, les femmes vivent soit une baisse, soit une augmentation significative de leur libido après la ménopause ; puis, graduellement, le désir sexuel tend à diminuer. Les femmes subissent une très forte influence des facteurs psychosociaux car notre société associe la beauté féminine à la jeunesse. Les femmes non sûres d'elles-mêmes et de leur sexualité vivront alors des répercussions psychologiques parfois intenses, pouvant aller jusqu'à la dépression.

L'hormonothérapie

La question de l'hormonothérapie devient cruciale pour toutes les femmes. Les experts sont très partagés à ce sujet. Certains n'hésitent pas à la recommander à cause des avantages certains au niveau de la prévention de l'ostéoporose et de la diminution des risques cardiovasculaires. Elle permet aussi de mieux contrôler les symptômes de la ménopause, tels que les bouffées de chaleurs, l'insomnie et l'irritabilité.

D'autres hésitent à cause des effets secondaires importants de la prise d'oestrogènes et de progestérone, surtout lorsqu'on y ajoute des androgènes : augmentation de l'incidence du cancer du sein, développement de la masse musculaire, accentuation de la pilosité, acné et voix plus grave. L'igno-rance des effets à long terme de la prise d'hormones constitue aussi l'un de leurs arguments. Les opposants à l'hormonothérapie disent qu'il est préférable de ne pas interférer avec la nature. Il existe aussi des contre-indications à l'hormonothérapie : infarctus, thrombophlébite, perte sanguine vaginale suspecte, cancer du sein, embolie pulmonaire, troubles hépatiques.

Chaque femme est donc laissée à elle-même pour faire ce choix difficile. Mais les dernières études semblent démontrer que les effets positifs de l'hormonothérapie contrebalancent avantageusement les effets négatifs. De plus, les recherchent actuelles trouveront bientôt de nouveaux produits diminuant les effets négatifs.

Ah! Oui. Dernier élément de réflexion pour vous aider à prendre votre décision: l'hormonothérapie vous aide à garder une vie sexuelle active bien au-delà de soixante-dix ans à cause des effets positifs sur la conservation de vos organes génitaux.

Quelques professionnels de la santé vont utiliser des suppléments de testostérone pour contrecarrer ou ralentir les effets de vieillissement chez certains hommes, particulièrement la baisse de libido. Les principaux avantages que l'homme peut en retirer sont la prévention de l'ostéoporose et de la dépression, mais ils augmentent le risque de crises cardiaques et de cancer de la prostate. L'hormonothérapie pour l'homme est un champ d'intérêt très nouveau et nous ne pouvons, pour le moment, qu'émettre des hypothèses sur son efficacité ou sa nocivité.

• • • • •

Pour amoindrir les effets de l'âge sur leur sexualité et développer une meilleure sexualité[3], les couples doivent accepter les faits suivants :

1. il existe des modifications sexuelles normales liées à l'âge ;

2. ces modifications ne sont pas identiques chez l'homme et chez la femme, et peuvent survenir à des moments différents ;

3. ces modifications sont dues au processus du vieillissement physiologique et non psychologique, quoique l'aspect psychologique puisse accentuer ces modifications;

4. ces modifications n'ont rien à voir avec la qualité de la relation amoureuse ou de l'attirance physique.

Une vie sexuelle active, soit d'une à deux relations sexuelles par semaine, constitue le meilleur antidote des effets de l'âge sur la sexualité. Cela n'empêche pas le vieillissement, mais le ralentit et le rend beaucoup plus agréable. Ce n'est pas parce que vous courez moins vite que vous devez cesser de marcher; vous pourriez même en profiter pour mieux admirer le paysage. Ce n'est pas parce que votre performance sexuelle est moindre qu'il faut cesser toute activité sexuelle. Votre corps recèle d'autres sources de plaisir que vous pourriez maintenant explorer.

Tout comme la respiration, la sexualité est une fonction corporelle qui débute avec la vie et se termine avec la vie, à la condition d'être bien entretenue.

---

1. Il existe deux définitions du mot syndrome: 1. Ensemble de signes et de symptômes qui caractérisent une maladie ou une affection. 2. Ensemble de comportements particuliers à un groupe humain ayant subi une même situation traumatisante.

2. Lors de la phase de plateau, les deux-tiers internes du vagin prennent de l'expansion, créant un plus grand espace appelé effet de creux.

3. L'auteur prépare actuellement un ouvrage exhaustif sur *La sexualité après 40 ans, Comment devenir un meilleur amant*, ouvrage à paraître très bientôt. (Note de l'éditeur)

Réflexions

C'est à trente ans que les femmes sont belles.
Après, ça dépend d'elles.
C'est à trente ans que les femmes sont belles.
Après, ça dépend d'elles ou bien… de nous.

Jean-Pierre Ferland

Rien de plus redoutable au monde que la combativité d'une femme ménopausée. Margaret Mead

Je considère la vie comme un bon livre. À mesure que vous avancez dans sa lecture, tout commence à se tenir et à avoir du sens. Rabbin Harold Kushner

L'homme qui avance avec assurance dans le sens de ses rêves pour vivre la vie qu'il a imaginée connaîtra une réussite inattendue. Henry David Thoreau

Le fait qu'une opinion soit largement répandue ne prouve nullement qu'elle n'est pas entièrement absurde. En réalité, compte tenu de la sottise de la majorité des humains, il est plus probable qu'une croyance largement répandue soit sotte que sensée. Bertrand Russell

Chapitre

19

L'infidélité

« Lorsque Jean, un an après les faits, m'avoua avoir fait l'amour avec une collège de travail suite à un party de bureau, je restai estomaquée, ne sachant comment réagir. Mais, rajouta Louise, lorsque je le vis pleurer à chaudes larmes, me demandant de lui pardonner, je ne pus m'empêcher de le prendre dans mes bras. Il comprendrait, disait-il, que je ne veuille plus de lui, mais il ne voulait plus vivre avec ce lourd secret entre nous deux. Il me répéta combien il était heureux de vivre avec moi et nos deux enfants et que c'était avec nous qu'il voulait continuer à vivre. Suis-je nounoune d'avoir réagi ainsi et de lui avoir pardonné cette infidélité, même si j'ai eu mal et que je ne l'ai jamais oublié ? »

« Lorsque, dit Sylvie, j'appris par ma sœur que mon mari, Pierre, m'avait trompée avec elle, je fus submergée de colère et je peux vous affirmer qu'il en a vu et entendu de toutes les couleurs. Je lui avais pourtant dit, à ce salaud, que si un jour il me trompait, je demanderais le divorce. Je ne lui ai jamais pardonné et, si je reste encore avec lui, c'est que j'ai quatre enfants et pas de travail. Où irais-je ? Les maudits hommes, ils sont tous pareils : on ne peut jamais leur faire confiance. »

Deux types d'infidélité

Ces deux récits, qui m'ont été soumis lors d'entretiens téléphoniques au cours d'une émission radiophonique[1] sur la fidélité, illustrent très bien deux types d'infidélité.

Un premier type, situé en dessous de la ceinture, concerne l'exclusivité sexuelle : c'est le fait, pour le mari ou la femme, d'avoir des relations sexuelles avec une ou plusieurs personnes autres que le conjoint : je l'appelle l'**infidélité sexuelle.** Situé en dessus de la ceinture, le deuxième type d'infidélité concerne la vie relationnelle émotive : elle consiste à tenir l'autre au courant des idées, attitudes ou comportements qui pourraient avoir une influence sur la relation de couple, comme le fait d'avoir une aventure ou un projet de retraite anticipée dans le sud : je l'appelle la fidélité ou l'**infidélité affective**.

La population, en général, associe l'exclusivité sexuelle à la fidélité affective, pour ne pas dire limite la fidélité à l'exclusivité sexuelle. Pourtant, beaucoup de couples sont infidèles tout en continuant d'être exclusifs sexuellement, si l'on se fie à la définition de la fidélité du Petit Robert : «qualité d'une personne fidèle ; constance dans les affections et les sentiments ; le fait de ne pas tromper ou trahir ; conformité à la vérité». Qui, parmi nous, n'a pas déjà menti à son partenaire, ne serait-ce que pour ne pas lui faire de peine ? Qui n'a pas déjà trahi un petit secret révélé par l'autre ? Qui n'a jamais maquillé la vérité ? Le fait de rêver à une autre personne au moment de faire l'amour avec son partenaire n'est-il pas un signe d'infidélité affective même si, dans les faits, il y a exclusivité sexuelle ?

À l'inverse, certains couples «open» ne s'imposent pas l'exclusivité sexuelle, mais s'entendent sur la fidélité émotive : s'informer l'un l'autre de tout ce qui pourrait modifier leur relation intime. On peut donc être fidèle émotivement, sans être fidèle sexuellement.

Comment et pourquoi cela se passe-t-il ?

Parlant d'exclusivité sexuelle, les hommes «trichent» plus fréquemment leurs partenaires que le font les femmes et ce plus rapidement après le mariage que celles-ci. Bien que les statistiques varient d'une étude à l'autre, deux fois plus d'hommes que de femmes, soit environ 50 % contre 25 %, ont des aventures. Ces hommes ressentent aussi moins de culpabilité que les femmes devant leurs aventures extraconjugales. De plus, les femmes sont enclines à pardonner beaucoup plus facilement que les hommes. Serait-ce parce que les hommes, dans leurs aventures extramaritales, recherchent surtout un «trip» sexuel ?

Quant à elles, les femmes ont, la plupart du temps, des rapports sexuels hors mariage parce qu'un homme s'est intéressé à elles, qu'il a pris le temps de les écouter et qu'il s'est montré émotivement près d'elles. Si l'homme recherche hors mariage des compensations d'ordre sexuel, la femme recherche des compensations d'ordre affectif. Les femmes ont exceptionnellement des aventures extraconjugales exclusivement pour le sexe. Elles se livrent, là aussi, corps, coeur et âme. Elles cessent souvent, d'ailleurs, ou font tout pour éviter les relations sexuelles avec leur mari, ayant alors l'impression de tromper leur amant. C'est aussi pour cette raison que la présence d'un amant est plus souvent à l'origine d'un divorce que la présence d'une maîtresse et aussi parce que l'homme pardonne beaucoup moins, sentant probablement que si sa partenaire a un amant, c'est qu'il n'y a plus de place dans son coeur pour lui. Sans parler de la blessure à son orgueil : le prince vient de se faire détrôner.

Si, au début, comme dans toute histoire d'amour, l'amant et la maîtresse font rêver parce qu'ils reçoivent toujours l'autre à bras ouverts, si l'amant se montre toujours intense, si la maîtresse ne critique jamais et est toujours disponible sexuellement, la réalité rattrape, un jour ou l'autre, ces couples interdits : l'amant ou la maîtresse demande de faire un choix. Cela ne se produit évidemment pas dans les aventures sans lendemain.

L'homme infidèle cherche alors à gagner du temps et à amadouer sa maîtresse : le statu quo polygame lui plaît. Si elle insiste, il la quittera et se cherchera une autre maîtresse plus conciliante. Rares sont les hommes qui quittent leur femme pour aller vivre avec leur maîtresse. Lorsqu'ils le font, la nouvelle relation dure rarement longtemps. Ils se retrouvent alors seuls, sans l'avoir vraiment voulu.

La femme infidèle vit, elle, un déchirement viscéral : doit-elle abandonner mari, enfants, maison, statut social, sécurité pour aller vivre l'aventure avec un inconnu ? Généralement, elle rompt avec l'amant et garde souvent pour elle, et à vie, ce secret .

La femme est infidèle par amour ; l'homme l'est pour le sexe. Que voulez-vous, ces motivations semblent être inscrites dans nos gènes et nos codes d'ADN. Trente ans de féminisme et près de cinquante ans de psychologie culturaliste n'y ont rien changé.

Si un homme accepte d'avoir des relations sexuelles avec une autre femme, si une femme accepte d'avoir des rapports intimes avec un autre homme, c'est qu'il existe déjà quelque chose à l'intérieur du couple qui rend fragile et disponible l'homme ou la femme mariée à une tentation somme toute fréquente et normale. Pourquoi succombe-t-on à la tentation ? Pourquoi prend-on le risque de détruire tout ce qui a été construit pendant de longues années ? Tout simplement parce qu'on ne trouve plus à la maison ce qu'on y recherche.

Les hommes et les femmes infidèles arrivent souvent en thérapie avec la question : « Dois-je ou non quitter mon partenaire pour aller vivre avec l'autre ? » Ce qui n'est absolument pas la bonne question à se poser, du moins pas la première question. La question ou les questions devraient plutôt être :

- Que s'est-il passé dans mon couple pour que cela puisse arriver, pour que j'aille chercher ailleurs ?

- Qu'est-ce que je ne retrouve plus dans mon couple qui me rend disponible à une autre personne ?

- Puis-je faire quelque chose pour retrouver dans mon couple ce que j'y ai perdu ?

- Qu'est-ce que je trouve avec mon amant, avec ma maîtresse qui pourrait m'informer sur ce qui se passe dans mon couple ?

La première décision à prendre n'est pas de choisir entre le conjoint ou l'amant(e) mais bien de mettre ou non fin au couple actuel après avoir tout tenter pour rétablir l'équilibre émotionnel entre les deux conjoints.

Mes client(e)s n'aiment généralement pas que j'utilise les mots « amant » ou « maîtresse », mais c'est pourtant ce qu'ils sont et ce que, tous, nous recherchons. D'après le Petit

Robert, la première définition du mot amant est : « personne qui aime d'amour et qui est aimée ». Sa seconde acception est : « homme (femme) qui a des relations sexuelles avec une femme (homme) avec lequel(elle) il(elle) n'est pas marié(e) ». Le dictionnaire nous indique donc la principale raison pour laquelle les époux ou les épouses prennent un(e) amant(e) : parce qu'il(elle) ne retrouve plus l'amour dans leur couple. Lorsque l'homme ou la femme ne retrouve plus l'amour dans son couple, il ou elle le recherche ailleurs. Pour l'homme, amour signifie sexe, pour la femme, affection.

Que faire pour éviter que cela se produise ?
Les aventures extraconjugales surviennent généralement lorsque se termine la passion et débute l'étape de la lutte pour le pouvoir. Pour éviter que cela se produise, il faut donc apprendre à partager le pouvoir, à rétablir l'équilibre dans le couple, de façon à ce que chacun(e) y trouve son compte. En plus des stratégies décrites aux chapitres 6, 7 et 8, voici trois lignes directrices préventives :

1. Gardez la communication ouverte de façon à ce que cha-cun(e) puisse s'épancher complètement sur l'épaule de l'autre. C'est la compréhension de Louise et la franchise (la fidélité affective) de Jean qui ont permis à ce couple de se retrouver et d'améliorer leur vie commune.

2 Mettez du piquant dans votre vie sexuelle. Prenez des vacances et retrouvez-vous comme les deux amants que vous êtes.

3. Parlez librement des tentations que vous vivez. Cela demande une très grande ouverture de part et d'autre, mais c'est une excellente façon d'amoindrir les tentations.

Il n'est jamais bon que cela se produise.

Une infidélité sexuelle et/ou affective donne rarement de bons résultats. Très rares sont les couples qui, comme Louise et Jean, ont pu utiliser l'infidélité pour pleurer ensemble et se rapprocher l'un de l'autre. La réalité ressemble beaucoup plus à la situation de Rita et Pierre qui se feront probablement la guerre tant et aussi longtemps que durera leur relation. Non pas parce que la non-exclusivité sexuelle de Pierre en est la cause, mais parce qu'il existait déjà un déséquilibre dans cette relation qui a rendu possible son infidélité sexuelle.

L'infidélité, sexuelle ou affective, ne fait généralement qu'aggraver la situation de déséquilibre. Betchel et Stains, dans leur ouvrage *Sex, A Man's Guide,* démolissent cinq fausses croyances concernant les aventures extramaritales :

1. Vous ne trouverez pas dans votre amant(e) un(e) meilleur(e) ami(e).

2. La sexualité n'est pas meilleure avec votre amant(e).

3. L'infidélité ne sauvera pas votre mariage.

4. L'infidélité coûte très chère, émotivement et financièrement.

5. L'infidélité est même acceptée légalement comme motif raisonnable de meurtre dans certains états américains et autres sociétés.

Et vous, comment réagiriez-vous si votre partenaire vous apprenait qu'il a un amant ou une maîtresse ?

---

1. L'émission *Allo, j'écoute...* de CKRS-Radio de Jonquière (Québec) animée par Brigitte Simard.

Réflexions

Quand deux personnes font l'amour, il y a au moins quatre personnes d'impliquées : les deux personnes qui font l'amour, et les deux autres auxquelles elles pensent.

Freud

La possession de plusieurs femmes n'empêchent pas le désir des hommes pour les autres femmes. La luxure est comme l'avarice, la soif de possession augmente avec l'acquisition de trésors.

Montesquieu

Seulement 16 % des 853 cultures recencées prescrivent la monogamie. Les cultures occidentales en font partie... 84 % autorisent la polygamie... 0,5 % seulement permettent la polyandrie (lorsque la femme est très riche).

Helen Fisher, *Histoire naturelle de l'amour*

J'aimerais mieux être un crapaud et vivre dans les miasmes d'un cachot que de laisser un coin de l'être que j'aime à l'usage d'autrui !

William Shakespeare, *Othello*

C'est quoi, le bonheur, sinon d'avoir une famille nombreuse, unie, aimante et aimée, dans une autre ville ?

George Burns

20
La thérapie
sexuelle

Nos statistiques disent que 50 % des couples ont ou auront au cours de leur vie conjugale une difficulté d'ordre sexuel. Chez les femmes, on rencontre surtout la difficulté à atteindre l'orgasme et le vaginisme. Chez l'homme, des difficultés au niveau de l'érection et de l'éjaculation. Chez les deux, on se retrouve souvent avec une perte ou une baisse importante de libido.

Avec les découvertes de la psychologie et de la sexologie modernes, il n'y a plus aucune raison justifiant qu'un couple ne puisse parvenir à un plein épanouissement sexuel ou du moins à une meilleure entente sexuelle.

Si vous êtes aux prises avec l'une ou l'autre des difficultés sexuelles énumérées ci-dessus, n'hésitez pas à consulter un spécialiste qui, généralement, en l'espace de cinq à quinze rencontres pourra vous aider à vous débarrasser des connaissances, attitudes ou comportements nuisibles à votre sexualité et vous aidera à les remplacer par des connaissances, attitudes et comportements favorables à votre épanouissement sexuel et à celui de votre couple.

Que se passe-t-il en thérapie sexuelle ? La thérapie sexuelle comporte trois dimensions et fait appel autant aux découvertes de la psychanalyse, au conditionnement behavorial qu'aux données biomédicales et à l'apport de la psychologie humaniste. Pour de meilleurs résultats, les thérapeutes sexuels travaillent souvent en collaboration avec des gynécologues ou urologues et des spécialistes de la relaxation psychocorporelle.

La dimension pédagogique

À ce niveau, le thérapeute vérifiera l'exactitude de vos connaissances sur la sexualité, le cycle des réponses sexuelles, la psychologie féminine et masculine, la dynamique du couple... Il confirmera ou modifiera vos connaissances sur ces sujets et vous transmettra probablement de nouvelles données sur la sexualité. Il sera particulièrement à l'affût de mythes, préjugés ou fausses croyances que vous pourriez avoir acquis sur la sexualité au cours de votre éducation.

Souvent, la simple transmission d'informations suffit à dédramatiser bien des situations et à modifier des comportements. Par exemple, saviez-vous que :

- Seulement 15 à 25 % des femmes peuvent orgasmer par la pénétration ; les deux tiers internes du vagin sont presque insensibles. Seuls le tiers externe et la région du point G, qui est située très près du clitoris, réagissent favorablement à la stimulation.

- Les orgasmes simultanés, même si tout le monde en parle et les recherche, sont plutôt rares et accidentels. Appliquez donc la règle « les femmes d'abord » et abandonnez votre recherche de performance.

- Il est tout à fait normal, pour l'homme, de perdre et de reprendre ses érections lors de relation sexuelle marathon.

- Il est impossible de rester pris si vous faites l'amour dans l'eau.

- Il n'existe pas de réel aphrodisiaque, sauf peut être l'amour (qui provoque la production de phényléthylamine) et un brin d'imagination.

La dimension psychologique
On dit que la cause d'environ 95 % des difficultés de fonctionnement sexuel est d'ordre psychologique. Tout, ou presque, se passerait entre les deux oreilles. Que se passe-t-il donc dans la tête de l'homme et de la femme au moment de la relation sexuelle qui puisse perturber celle-ci ?

Par exemple, l'homme a-t-il peur de perdre ses érections ou est-il obsédé par l'orgasme de sa partenaire ? La femme est-elle préoccupée par le temps pris pour arriver à l'orgasme ? Le couple a-t-il inconsciemment développé des scénarios de sabotage sexuel : le mari qui ne caresse sa femme que lorsqu'il veut faire l'amour ou la femme qui fait des comparaisons blessantes pour son partenaire ? Quelle éducation sexuelle le couple a-t-il reçue et quelles sont les émotions que cette éducation a associées à la sexualité : peur, culpabilité, répugnance… ? Y a-t-il eu des traumatismes sexuels lors de l'enfance ou de l'adolescence ? Comment s'est effectué l'apprentissage des premières relations sexuelles ?

Le psychologue-sexologue peut vous aider à prendre conscience de vos motivations inconscientes, de vos scénarios conjugaux, de vos conditionnements antiplaisir ; il peut défaire les traumatismes infantiles qui ont laissé des empreintes dans votre évolution sexuelle et qui vous empêchent aujourd'hui de profiter pleinement de votre sexualité. Vous ferez en sa compagnie des insights[1] qui vous permettront de désamorcer vos défenses. Il vous fera voir les émotions (colère, ressentiment, insécurité, manipulation, culpabilité et blâme) qui interfèrent avec le laisser-aller nécessaire au plaisir sexuel.

La dimension «expériencielle»[2]

Les devoirs à faire à la maison ! (N'ayez crainte, aucune performance ne vous sera demandée dans le bureau du psychologue). Une difficulté sexuelle est généralement la conséquence de mauvaises informations, d'attitudes négatives, mais aussi de comportements inadéquats. La femme qui ne connaît pas son corps pourra difficilement enseigner à son mari ce dont elle a besoin comme stimulation pour parvenir à l'orgasme. L'adolescent qui se masturbait à toute vitesse pourra difficilement, devenu homme, modifier son comportement du jour au lendemain et contrôler son excitation simplement parce qu'il aime sa femme. L'homme et la femme doivent alors désapprendre ce qu'ils ont appris et réapprendre à faire l'amour.

Les psychologues et sexologues ont développé une série de stratégies et de techniques permettant cette modification du comportement sexuel. Par exemple, beaucoup de difficultés sexuelles sont dues à une trop grande génitalisation de la sexualité. Le thérapeute suggèrera alors des exercices qui permettront au couple de mettre l'accent sur la sensualité et d'acquérir ainsi le laisser-aller nécessaire pour que les réactions sexuelles réflexes puissent se produire.

Tout le monde a probablement entendu parler de la « squeeze technique » développée par Masters et Johnson et décrite dans presque tous les livres de sexologie pour traiter l'éjaculation dite précoce. Cette technique et beaucoup d'autres (la technique arrêt-départ, les exercices de contractions du muscle pubococcygien, les exercices de concentration sensorielle, des exercices de détente…) vous seront enseignées lors de vos rencontres, généralement hebdomadaires, avec votre consultant.

La thérapie sexuelle est très efficace : de 50 % à 70 % des clients rapportent une très grande amélioration de leur vie sexuelle quand ce n'est pas la guérison totale de leurs difficultés ou différends sexuels. Les difficultés les plus faciles à traiter sont l'impuissance et l'éjaculation rapide. Une faible libido est la difficulté la plus difficile à traiter.

La psychothérapie sexuelle constitue une synthèse de la psychologie cognitive (dimension pédagogique), de la psychologie analytique (dimension psychologique) et de la psychologie behaviorale (dimension expériencielle). Les entrevues se réalisent généralement avec les deux membres du couple, mais il arrive très souvent que le thérapeute travaille seul à seul avec le partenaire dont le cheminement peut le plus apporter à l'évolution du couple et faciliter ainsi l'apprentissage du bonheur sexuel du couple.

Si vous décidez de consulter, prenez le temps de magasiner votre psychologue et/ou sexologue. Informez-vous de sa formation et de son expérience avec des difficultés comme la vôtre ; demandez-lui son numéro de permis de pratique et depuis combien de temps il pratique. De façon presque systématique, votre consultant vous demandera de passer un

examen gynécologique ou urologique dès les premières rencontres afin d'éliminer toute cause d'ordre physique.
Assurez-vous que, vous et votre partenaire, vous sentiez à
l'aise avec ce thérapeute. La confiance que vous avez en lui
ou en elle augmentera l'efficacité de la thérapie.

---

1. Insight : littéralement, voir à l'intérieur ; prise de conscience amenant un changement
comportemental.
2. Néologisme.

Réflexions

L'amour est un processus créatif qui ressemble à l'art de peindre un tableau ou de jouer une symphonie : il faut connaître les rudiments nécessaires à leur exécution.

John Wright, *La survie du couple*

La seule personne avec laquelle vous passerez toute votre vie, c'est vous. Il est donc très important que vous appreniez à aimer cette personne.

Anonyme

Les gens s'accrochent fortement à la pénétration phallo-vaginale et il faut investir du temps et de l'énergie pour arriver à les détourner de ce modèle. Toutes les autres façons d'avoir du plaisir sont encore perçues comme de l'immaturité, des préliminaires ou du sexe de second ordre.

Louise-Andrée Saulnier, sexologue

Il est encore mieux vu dans notre société d'aller chez le médecin que chez le psychologue.

Guylaine Lanctôt, médecin

Le vrai médecin est le médecin de l'intérieur. La plupart des médecins ignorent cette science qui, pourtant, fonctionne si bien.

Albert Schweitzer

Les couples heureux

À peu près 20 % des couples réussissent à passer à travers l'épreuve du temps et sont, généralement, heureux ensemble. Ces couples ont su éviter la routine et ne se sont pas laissés envahir par les responsabilités qui guettent tous les couples et qui, à la longue, éloignent les deux amants. Ces couples, disons-le, marginaux font actuellement l'objet de plus en plus de recherches de la part des départements de psychologie, sociologie et anthropologie des universités nord-américaines et européennes afin de connaître leur « recette du bonheur ». Les premiers résultats démontrent que ces hommes et ces femmes :

1. se connaissent bien personnellement, ont participé à des groupes de croissance et acceptent plus facilement de se remettre en question ;

2. ont une espèce de connaissance intuitive des différences entre les hommes et les femmes et acceptent mieux les points de vue différents et les attentes différentes de leur partenaire ;

3. ont un meilleur sens de l'humour et actionnent moins rapidement leurs mécanismes de défense lors de différends;

4. possèdent des habilités «naturelles» de négociation et ont développé une forme d'«intelligence émotionnelle»[1];

5. ont développé des outils de communication efficaces et des habiletés d'écoute active: parler en termes de «je», résumer la pensée de l'autre, comprendre les doubles messages...

6. ont eu des parents conciliants et heureux en ménage et ont vécu dans des milieux fonctionnels où l'entraide avait prépondérance sur la critique;

7. connaissent les dynamiques inhérentes à la vie de couple et les scénarios plus ou moins conscients que peuvent jouer entre eux deux amants intimes;

8. ont développé un langage commun, verbal et non-verbal.

Les études actuelles nous révèleront certainement d'autres éléments importants entrant dans cette «recette du bonheur» des couples heureux. Les couples heureux ne sont toutefois pas à l'abri de crises; ils ne vivent pas nécessairement un conte de fées: «ils se marièrent, eurent de nombreux enfants et vécurent heureux». Eux aussi ont dû traverser leur lot de difficultés, ont parfois frôlé la séparation, ont eu des décisions difficiles à prendre concernant leurs carrières respectives, l'éducation des enfants, leur milieu de vie, la sécurité financière... Mais chaque épreuve, chaque conflit rapprochait les membres des couples heureux au lieu de creuser un fossé de frustrations, d'incompréhension et de rancune entre les deux.

Le bonheur conjugal est donc possible à certaines conditions. Les données d'information contenues dans ce livre avaient comme objectif d'aider les couples à mieux comprendre et la nature de l'homme, et la nature de la femme, et la nature du couple afin de faire disparaître les attentes illusoires entretenues au sujet du couple et de l'autre, lesquelles illusions ne peuvent qu'être sources de frustrations et de conflits inextricables. Des attentes réalistes et réalisables face à l'autre plutôt que des espoirs de perfection sont de meilleures garanties d'une vie amoureuse épanouie : la femme parfaite n'existe que dans la tête de l'homme ; l'homme parfait n'existe que dans la tête de la femme ; ces êtres parfaits ne viennent jamais partager nos vies et coucher dans nos lits.

---

1. Goleman, Daniel, *L'intelligence émotionnelle, Comment transformer ses émotions en intelligence*, chapitre 9 : Ennemis intimes, Éd. Robert Laffont, Paris, 1997, 422 p.

Bibliographie

Bechtel, Stefan et Laurence Roy Stains, *Sex, A Man's Guide*, Men's Health Books, Rodale Press, Pennsylvania, 1996, 500 p.

Dallaire, Yvon, *Chéri, Parle-Moi..., Dix règles pour faire parler un homme*, Éd. Option Santé, 1997, 144 p.

Delis, Dean et Cassandra Phillips, *Le paradoxe de la passion, Les jeux de l'amour et du pouvoir,* Éd. R. Laffont, Paris, 1992, 415 p.

Durden-Smith, Jo et Diane Desimone, *Le sexe et le cerveau, La réponse au mystère de la sexualité humaine,* Éd. La Presse, Montréal, 1985, 272 p.

Fisher, Helen, *Histoire naturelle de l'amour, Instinct sexuel et comportement amoureux à travers les âges,* Éd. Robert Laffont, Paris, 1994, 458 p.

Germain, Bernard et Pierre Langis, *La sexualité, Regards actuels,* Éd. Études Vivantes, Québec, 1990, 602 p.

Goldberg, Dr Herb, *Être homme, Se réaliser sans se détruire,* Éd. Le Jour, Montréal, 1982, 342 p.

Goleman, Daniel, *L'intelligence émotionnelle, Comment transformer ses émotions en intelligence*, Éd. Robert Laffont, Paris, 1997, 422 p.

Kaplan, Helen Singer, *L'éjaculation précoce, Comment y remédier*, Préface de Louise-André Saulnier, Éd. Guy St-Jean, Laval, 1994, 132 p.

Katchadourian et Lunde, *La sexualité humaine, Concepts fondamentaux,* Éd. HRW, Montréal, 1982, 440 p.

Morris, Desmond, *Le zoo humain,* Éd. Bernard Grasset, Paris, 1970, 313 p.

Morris, Desmond, *Le singe nu,* Éd. Bernard Grasset, Paris, 1968.

Nagler et Androff, *Bien vivre ensemble, 6 nouvelles règles,* Éd. du Jour, Montréal, 80 p.

Tanenbaum, Joe, *Découvrir nos différences,* Éd. Québecor, Outremont, 1992, 236 p.

Tannen, Déborah, *Décidément, tu ne me comprends pas, Comment surmonter les malentendus entre hommes et femmes,* Éd. Robert Laffont, 1990, Paris, 350 p.

Wright, John, *La survie du couple,* Éd. Le Jour, Montréal, 1990, 261 p.

Quelques adresses utiles

Ordre des Psychologues du Québec, 1100, avenue Beaumont, suite 50, Montréal, Service gratuit de références : 514.738.1223 ou 1.800.561.1223.

Association des Sexologues du Québec, 6915, rue Saint-Denis, suite 301, Montréal, H2S 2S3, 514.270.9289.

Association de Médiation Familiale du Québec, 6896, Somerled, Montréal, H4V 1V1, 1.800.667.7559.

Publications et activités d'Option Santé

Les Éditions Option Santé, en collaboration avec divers organismes et associations, présentent régulièrement, partout au Québec et en Europe, différentes activités avec Yvon Dallaire comme animateur. Ces activités se présentent sous les formes suivantes:

- Conférences (1 à 3 heures);
- Déjeuners ou dîners-causeries;
- Week-end de croissance pour couples ou individus sur le thème des relations homme-femme;
- Vacances-détente à Villas Playa Sámara, Costa Rica (avec ou sans atelier de croissance).

Pour connaître les activités et les prochaines publications d'Option Santé, il suffit de nous faire parvenir vos coordonnées à l'adresse suivante: Les Éditions Option Santé, 675, Marguerite Bourgeoys, Québec (Québec) Canada G1S 3V8. Vous pouvez également nous les faire parvenir par Email à opsante@mlink.net ou nous les faxer au (418) 687-1166. Vous pouvez aussi consulter notre site internet: www.mlink.net/~opsante

J'aimerais être tenu au courant des prochaines activités et publications d'Option Santé. Voici mes coordonnées:

Nom: _____

Adresse: _____

Ville: _____ Code postal: _____

Tél. rés.: _____ Tél. bur.: _____

Courriel: _____

Réf.: S'aimer longtemps (5k 06-99)

Chéri, Parle-Moi...

Un livre à lire en couple

Dix Règles Pour Faire Parler Un Homme

Si, malgré l'amour qui les lie, homme et femme ont de la difficulté à dialoguer, c'est que la femme envisage la communication en termes de liens intimes et d'expression émotive, alors que l'homme communique pour atteindre des objectifs précis et transmettre de l'information. Les hommes font des discours, les femmes échangent.

Pour améliorer la relation, le psychologue-sexologue Yvon Dallaire présente aux femmes dix règles efficaces qu'elles peuvent utiliser pour mieux comprendre l'univers masculin afin d'aider les hommes à mieux et plus communiquer ce qu'ils vivent intérieurement. De nombreux exemples concrets, pigés dans sa pratique professionnelle, illustrent chacune des règles. Ce livre permet aussi aux hommes de mieux se connaître et mieux comprendre le désir de communication de leurs partenaires féminines.

« Chéri, Parle-Moi ! » est un livre qui tente de mettre fin à la guerre des sexes en proposant une meilleure connaissance et une meilleure acceptation de nos différences afin d'établir un lien intime et complice entre deux êtres qui veulent s'aimer.

144 pages   ISBN 2-9804174-4-0

Pour que le sexe ne meure pas

Un livre à lire en couple

La sexualité après 40 ans

Associer et limiter la sexualité à la jeunesse et à la beauté est une hérésie. Ce n'est souvent qu'après 40 ans, moment où l'homme commence à intégrer la sensualité à sa génitalité et où la femme apprend vraiment à lâcher prise et à jouir de sa génitalité, qu'hommes et femmes peuvent s'épanouir sexuellement.

Les préjugés sociaux ont toutefois la vie dure et peuvent influencer négativement la personne vieillissante. Pourtant, la science a démontré que la sexualité pouvait s'exercer toute la vie et que les gens actifs sexuellement vivaient plus vieux et en meilleure santé. Ce livre révèle toute la vérité sur la sexualité des 40-50-60-70 ans... et donne de multiples conseils pour jouir de la sexualité toute la vie durant.

- Ce que l'homme et la femme peuvent faire pour s'entraider et entretenir leur sexualité
- Les effets de l'âge sur la fonction sexuelle
- L'andropause et la ménopause
- L'influence de l'éducation
- Le rôle des hormones
- Les exercices de Kegel
- Exercice, alimentation et sexualité
- Problèmes de santé et sexualité
- L'impuissance et le Viagra®
- Suggestions d'activités érotiques
- Livres, films, sites Internet...

272 pages

ISBN 2-9804174-9-1

La masturbation

La réponse à toutes vos questions

La masturbation, le dernier des tabous

Ce livre constitue l'adaptation de la thèse présentée par Yvon Dallaire pour l'obtention de sa maîtrise en Psychologie de l'Université Laval. Contenu : La définition de la masturbation. Son rôle dans le développement psychosexuel. Fantasmes et masturbation. Les causes de la masturbation. Les facteurs qui influencent la masturbation. Les circonstances de la masturbation. Différentes statistiques. Une analyse historique. Les avantages et les dangers de la masturbation. Les attitudes face à la masturbation. Les sept (7) fonctions de la masturbation.

Une étude exhaustive de tout ce qui touche à la masturbation.

194 pages (Format 8.5 x 11)   ISBN 2-9804174-5-9
Disponible seulement aux Éditions Option Santé
675, Marguerite Bourgeoys, Québec (Québec) Canada G1S 3V8

La massothérapie

Une carrière au bout de vos doigts

Un guide complet et pratique

Ce livre inestimable contient des idées et des ressources qui guideront les étudiants de façon efficace vers l'atteinte de leurs objectifs de formation et de carrière en massothérapie. Martin Ashley a su livrer l'essentiel d'une nouvelle profession riche de promesses. Parce que ce livre contient tout ce qu'un massothérapeute doit savoir, il permettra d'économiser énergie, temps et argent à tous ceux et celles qui le consulteront. Il simplifiera votre apprentissage, accélérera votre carrière, vous guidera dans vos réflexions et vous évitera de faire les mêmes erreurs que vos prédécesseurs.

Martin Ashley est avocat, professeur et massothérapeute. Ce livre est la synthèse de son expérience pratique en massage, de sa compréhension des aspects légaux, politiques et professionnels du massage et de la sagesse des dizaines de massothérapeutes qu'il a interviewés. L'adaptation québécoise contient plus de 250 adresses.

260 pages   ISBN 2-9804174-0-8
Disponible dans toutes les bonnes librairies (Québec seulement)

Rédigé lors d'un séjour à
Villas Playa Sámara, Costa Rica
27 mars 1998